Marvellations

BOLESŁAW LEŚMIAN

Marvellations
THE BEST-LOVED POEMS

by Poland's most-read and best-selling poet,
Bolesław Leśmian, one of the greatest of all time,
in the Polish original and an English translation

Selected and Translated by
MARIAN POLAK-CHLABICZ

Illustrated by
JANUSZ SKOWRON

Penumbra Publishing House • New York

Book design by MPC Graphic Studio

Proofreading by Bożena Majewska, Marian J. Woods

Cover design inspired by Joan Miró's painting *The Lark's Wing, Encircled with Golden Blue, Rejoins the Heart of the Poppy Sleeping on a Diamond-Studded Meadow*

Published by Penumbra Publishing House, New York
PenumbraPublisher@gmail.com

First Edition
ISBN-13: 978-0692201398
ISBN-10: 0692201394

1. Poetry 2. Polish literature 3. World classics 4. 20th century

10 9 8 7 6 5 4 3 2 3
Printed in the United States of America

A poetry translation from one language into another is only excellent if a listener who does not know the second language recognizes the original by the wordless melody consisting of rhythm, metrics, sound sequences and repetitions of words, and their coalescence into sentences, and sentence cadences, and the very intonation, in other words, everything that is a poem beyond its visible and palpable content.

—BOLESŁAW LEŚMIAN, *A TREATISE ON POETRY*

CONTENTS

9

TRANSLATOR'S NOTE

If somebody asked me why translate a poet from a distant country in Central Europe, writing not in one of the major world languages in the first half of the 20th century, and whose poetic style was extremely idiosyncratic and full of coinages, I would answer as once the famous climber George Mallory did, replying to the question "why climb Mount Everest?"—"Because it's there!"

There is a reason I have quoted Mallory's answer—it is an excellent metaphor of Bolesław Leśmian's poetry, which, on the one hand, is an unprecedented achievement in the Polish-language verse; on the other hand, it constitutes the ultimate challenge for translators.

In our times, when our minds are being constantly deluged with information, and we have to filter it faster and faster not to go out of our minds, any "non-contemporary" form of communication, especially as "impractical" as poetry is, may seem redundant, or even—useless. Fortunately, art is timeless, and in case of Leśmian, this is the art of the highest caliber—created by one of Poland's finest wordsmiths. He is quite deservedly ranked among the most eminent Polish poets, or even the first among equals; however, because there are so few translations—no wonder that hardly any readers outside Poland know his brilliant poetry.

Stanisław Barańczak, a great contemporary Polish poet, translator and essayist wrote in his book *Ocalone w tłumczeniu* [Saved in Translation], "Leśmian is the translator's nightmare"—meaning "untranslatability" of his poetry because of its exceptional linguistic and formal singularity.

Paying no heed to that "nightmarishness," I have translated a larger number of his most famous and valuable poems, selected from all the available sources of his poetry. *Marvellations* is the second book of my translations of Leśmian's works. The first selection titled *33 of the Most Beautiful Love Poems* was published, also in a bilingual edition, in New York, in 2011.

Only you, the Reader, can appreciate my efforts to render Leśmian's poetry both beautifully and faithfully. I have done my best to refute the adage, deep-rooted among translators, that translations are like women; they are either beautiful or faithful.

MARIAN POLAK-CHLABICZ
NEW YORK, APRIL 8, 2014
mchlabicz@hotmail.com

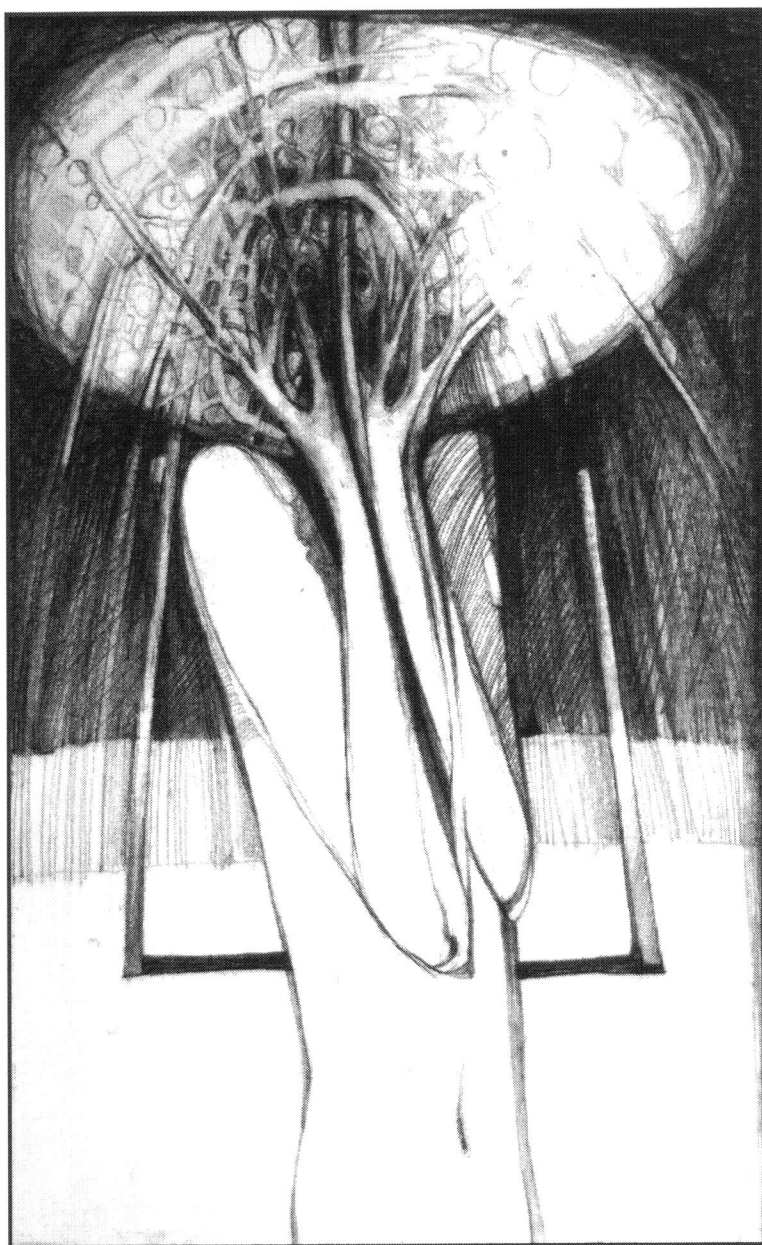

From *The Crossroads Orchard*
(*Sad rozstajny*, 1912)

Niebo przyćmione

Niebo przyćmione, niebo wieczorne
Samochcąc płynie przez moje oczy...
Piersi bezsenne i bezoporne,
Pieszczota zmierzchu nuży i tłoczy.

O, teraz snuć się cieniem po gaju,
Ducha wśród sosen w szkarłat rozjarzyć,
U twojej wrótni, na twym rozstaju,
Samemu sobie—snem się wydarzyć!

Na skroń kalinom, ujrzanym w dali
Paść złotym kurzem w purpur pożodze—
I nie odróżnić ust twych korali
Od owych kalin na owej drodze!

I nie odróżnić twoich warkoczy
Od brzóz, weśnionych w głębie jeziorne...
Samochcąc płynie przez moje oczy
Niebo przyćmione, niebo wieczorne...

Dusky Skies

The dusky skies, the twilit skies
Self-willy flow throughout my eyes.
The sleepless breasts—the will-less breasts,
The dusky kisses exhaust and press.

If I could now: shadow the glade,
Becrimson spirit between the dells
And at your crossroads, and at your gate,
Become a dream all to myself...

And strew myself on cherries' forehead—
Afar, ablaze—as dust of gold,
In no way, tell your lips of coral
From all the cherries along the road.

Nor tell your hair worn in white plait
From birches dreamed into the lake.
The dusky skies, the twilit skies
Self-willy flow throughout my eyes.

Nadaremność

W znoju słońca mozolnie razem z ciszą dzwoni
Rozgrzanych płotów chrust.
Pocałunek sam siebie składa mi na skroni,
Sam—bez pomocy ust...

Z rozwalonej stodoły brzmi niebu przez szpary
Jaskółek płacz i śmiech—
Do pokoju, spłowiałe wzdymające kotary,
Wrywa się wiosny dech!

Boże, coś pod mym oknem na czarną godzinę
Wonny rozkwiecił bez,
Przebacz, że wbrew Twej wiedzy i przed czasem ginę
Z woli mych własnych łez!...

Futility

In the sun's endeavors knells a shriveled fence—
And silence with it.
Upon my forehead, a kiss lays itself—
Unaided by lips.

In the shabby barn, through the cracks and slits
Swallows laugh and wail,
And into the room, raids a vernal whiff,
The faded drapes swell.

God, you've bloomed the lilac for a rainy day
By my window's sill.
Forgive me my license of passing away
Of my own tears' will.

Prolog

Dwa zwierciadła, czujące swych głębin powietrzność,
Jedno przeciw drugiemu ustawiam z pośpiechem,
I widzę szereg odbić, zasuniętych w wieczność,
Każde jest zakrzepłym bliższego echem.

Dwie świece płoną przy mnie, mrużąc złote oczy,
Zapatrzone w lustrzanych otchłań wirydarzy:
Tam aleja świec liśćmi złotymi się jarzy
I rzeka nurt stężały obojętnie toczy.

Widzę tunel lustrzany, wyżłobiony, zda się,
W podziemiach moich marzeń, groźny i zaklęty,
Samotny, stopą ludzką nigdy nie dotknięty,
Nie znający pór roku, zamarły w bezczasie.

Widzę baśń zwierciadlaną, kędy zamiast słońca,
Nad zwłokami praistnień orszak gromnic czuwa,
Baśń, co się sama z siebie bez końca wysnuwa
Po to, aby się nigdy nie dosnuć do końca...

Gdy umrę, bracia moi, ponieście mą trumnę
Przez tunel pogrążony w zgróz tajemnych krasie,
W jego oddal dziewiczą i głębie bezszumne,
Nie znające pór roku, zamarłe w bezczasie.

Gdy umrę, siostry moje, zagaście blask słońca,
Idźcie za mną w baśń ową, gdzie chór gromnic czuwa,
W baśń, co się sama z siebie bez końca wysnuwa
Po to, aby się nigdy nie dosnuc do końca!...

Prologue

I position these two mirrors: each feels it's deep-airy,
And each looks onto the other. I do it in haste,
They show the reflections rows, firmly freezed forever,
And each image echoes each, and none can be traced.

The two candles llighting here, squeeze their golden lids,
And they glower at the depths of the cloister courtyard:
There—the alley of long candles glows with golden twigs,
And a torpid river current rolls its curdled water.

And I see the mirror tunnel: it's grooved—as I vision,
In the caverns of my dreams—enchanted, unsafe,
Quite alone, and here no human ever stepped a pace,
It, all-frozen in the notime, knows none of the seasons.

I can see the mirror tale: o'er all the remains
Of the first beings, unsunned watch the vigil candles,
Where the tale tells itself and is throughly endless
So that it can tell itself on and on, again....

When I die, carry my coffin, my brothers—I vision:
Through the tunnel hollowed out in the charm of threats,
To its very virgin farness, and all soughless depths,
It, all-frozen in the notime, knows none of the seasons.

And, my sisters, when I die, quench the sunny flames,
With me enter the new tale, where're the vigil candles,
Where the tale tells itself and is throughly endless
So that it can tell itself on and on, again....

Pantera

Ani mię zgnębią zórz krwawe zawiście,
Ni złote groźby słonecznej potęgi!
Grzbiet mój w złość słońcu czerni się plamiście
W przeciwsłoneczne, przeciwzłote pręgi!...

Gotowam słońce rozszarpać na ćwierci!
Na ziemi—ryk mój, milczenie me—w niebie...
Z nieznanych światów czaję się na ciebie
Ja—rozpląsana dookoła śmierci!

Przeciwzłocącą się—porwij w ramiona,
Bym z ciebie życia wydarła niemoce,
Bym czuła nozdrzem ten szał, że ktoś kona
W chwili, gdy ja się słońcu przeciwzłocę!

W róże mię uwieńcz, w zmierzch winnicy prowadź,
W pałaców głębie—na marmur i kwiaty,
Gdzie win purpura i śmiechu szkarłaty
Chcą falę życia do dna rozfalować!

Wśród dziewcząt—jedna jest tylko w żałobie,
Niepewna losu... zapatrzona w cienie...
Jej ciało—biały sen o samej sobie,
Tym snem objęta - czeka na skinienie.

Rzuć ją w mą żądzę, w puchy mego łona,
Na okamgnienie—nie na długie noce,
bym nozdrzem czuła szał, że miłość kona
W chwili, gdy ja się słońcu przeciwzłocę!...

Ten, kto mię stworzył dla krwi i pieszczoty,
Dał mi skok zwinny, co w śmierć mię przerzuca,
Kły moje wygiął w kształt własnej tęsknoty
I własnym rykiem natężył me płuca!

The Pantheress

The blood-red dawn's envy will not get me down,
Nor will golden threats of the sunlight mights!
My back shows black stainily just to spite the sun
As quite countersunny, countergolden stripes.

I'm ready to tear the sun to small shreds!
On earth, there's my roar, my silence—up there.
I lurk for you slyly 'hind the alien world.
I am the one here who dances round Death!

Pull me countergoldening t'wards your arms and breath
So I'll wrench the frailty of your feeble life,
So I'll smell the joy of somebody's death
While countergoldening all the sun, I lie.

And crown me with roses, guide t'wards the twilight
of vineyards, the depths of castles, and flowers,
Where there are wine crimsons and scarlets of laughters—
They want to sway life-wave bottomward outright.

Among all these maidens—only one's in mourning,
Unsure of her future—gazing at the shades.
Her flesh—a white dream about herself only,
And wrapped by this dream—for a nod, she waits.

Throw her in my lust, in my loins' soft fluff
For a flash of life—not for lengthy nights,
So I'll smell the joy of the death of love
While countergoldening, in the sun, I lie.

That one, who begot me for blood and caress,
Gave me jumping grace which deathwards does launch me,
He bent all my fangs to look like his longin'
And, with his own roar, strained my lungs and chest.

On we mnie ryczy, szaleje zbłąkany
W moich żył sieci i kości gęstwinie!
Raniąc mię, sobie zadaje te rany,
Które mi w gniewu przeznaczył godzinie!

On razem ze mną hen—w dzikim ostępie
Z wiecznym się głodem w zapasach szamocze,
A ja z nim wspólnie zmorę życia tępię,
I z nim się wspólnie słońcu przeciwzłocę!

Kimkolwiek jesteś—czy Lwem niewidzialnym,
Czy wszechobecnym raczej Jaguarem—
Węszę Twe tropy w błękicie upalnym
I kuszę ciała wonnego wyparem!...

Wyjdź na swe żery z jaskini lazurów!
Otom—gotowa... śnij uczty weselne!
Chcę być radością dla twoich pazurów,
Chcę krwią upoić twe kły nieśmiertelne.

I chcę cię zdradzić, gdy przywrzesz do łona,
Pokąsać w strzępy twą wieczność, twe moce,
By chłonąć nozdrzem ten szał, że Bóg kona
W chwili, gdy ja się słońcu przeciwzłocę!

He bellows in me, he rages, insane,
In my bony framework, in my veiny tangle.
Making wounds in me, he wounds thus himself;
These wounds have been meant for me in his anger.

He is with me yonder—in a far wild forest
He tussles and wrestles with eternal hunger,
And we both together do destroy life horrors,
We both countergolden here against the sunglare.

Whoever you are—the seen-in-no-place
Lion, or the Jaguar that everywhere looms—
In the scorching blue, I follow your trace,
And lure with my body's ever-fragrant fumes.

Come out now for prey from the azures lair.
Dream 'bout wedding feasts—here ready, I am.
I want to be joy for your claws' welfare,
I want to blood-feed your immortal fangs....

I want to deceive you, clinging to my loins,
Chew your eternity and make it a blob,
So I'll smell the joy of the death of God
While countergoldening, in the sun, I'm lyin'.

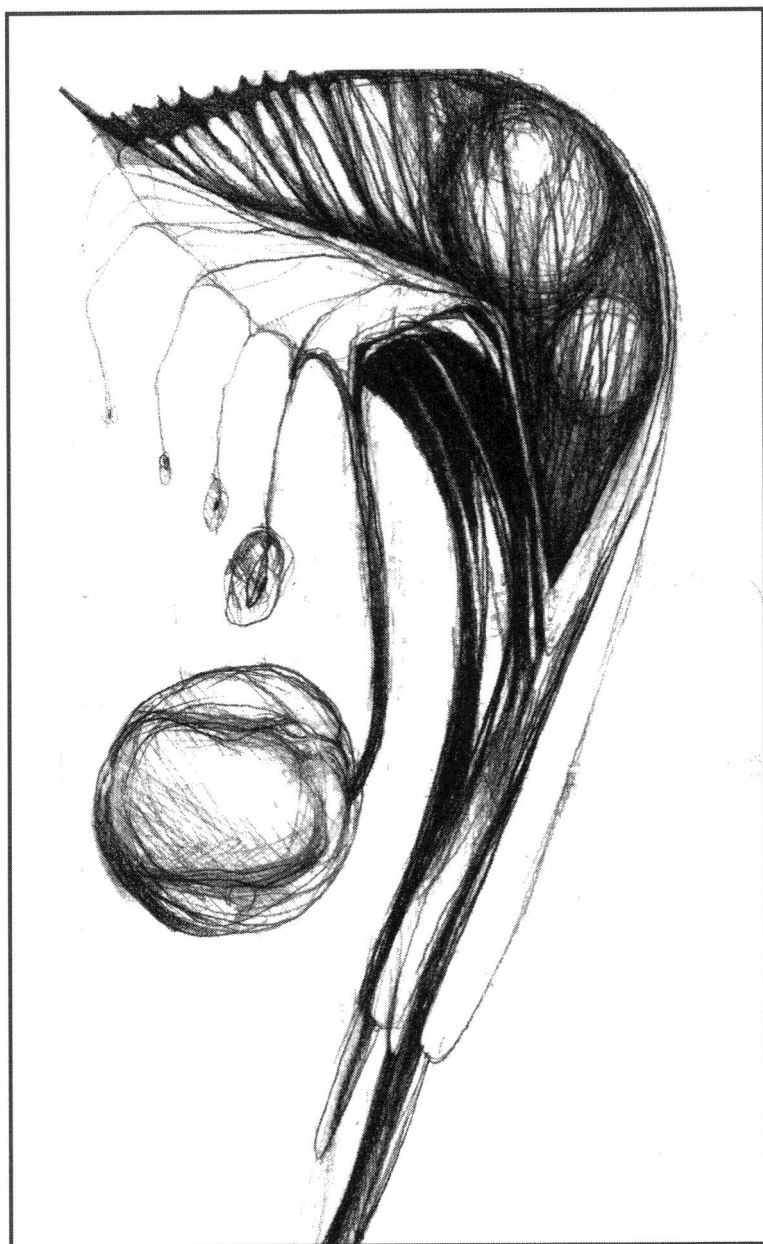

From *The Meadow*
(*Łąka*, 1920)

Topielec

W zwiewnych nurtach kostrzewy, na leśnej polanie,
Gdzie się las upodabnia łące niespodzianie,
Leżą zwłoki wędrowca, zbędne sobie zwłoki.
Przewędrował świat cały z obłoków w obłoki,
Aż nagle w niecierpliwej zapragnął żałobie
Zwiedzić duchem na przełaj zieleń samą w sobie.
Wówczas demon zieleni wszechleśnym powiewem
Ogarnął go, gdy w drodze przystanął pod drzewem,
I wabił nieustannych rozkwitów pośpiechem,
I nęcił ust zdyszanych tajemnym bezśmiechem,
I czarował zniszczotą wonnych niedowcieleń,
I kusił coraz głębiej—w tę zieleń, w tę zieleń!
A on biegł wybrzeżami coraz innych światów,
Odczłowieczając duszę i oddech wśród kwiatów,
Aż zabrnął w takich jagód rozdzwonione dzbany,
W taką zamrocz paproci, w takich cisz kurhany,
W taki bezświat zarośli, w taki bezbrzask głuchy,
W takich szumów ostatnie kędyś zawieruchy,
Że leży oto martwy w stu wiosen bezdeni,
Cienisty, jak bór w borze—topielec zieleni.

The Drowned Rambler

In the flighty fescue billows, in the forest glade,
Where each tree starts to become like a grassy blade
That's unneeded for itself, a rambler's corpse lies,
Who once wandering the world from skies into skies,
Unawares and without warning, in a peevish grievance,
With his soul, he feels an itch to explore the greenness.
At that time, a sprite of verdure, with his all-woods blow,
Does engulf him when he stops by a nearby oak
And ceaselessly now allures him with a bloomy haste,
As well as with his no-laughter on his breathless face,
And he tempts him deeper, deeper into yonder greenness—
With the remnants of all fragrant underbodied beings.
And the rambler runs along new worlds through and through
And unmanned his soul and breath in the midst of blooth.
Till he runs up to the jars full of ringing berries,
Into such a gloom of ferns, into silence—buried,
Into such a slilent no-dawn, a no-world of shrubs,
Into such a swoosh, which is the last sound of gusts,
That he lies dead in the void of tens of spring seasons—
Shadowed like trees among trees—the drowned one in greenness.

Stodoła

Tyś całował dziewczynę, lecz kto biel jej ciała
Poróżowił na wargach, by cię całowała?

Tyś topolom na drogę cień rzucać pozwolił,
Ale kto je tak bardzo w niebo roztopolił?

Tyś pociosał stodołę w cztery dni bez mała,
Ale kto ją stodolił, by—czym jest— wiedziała?

Stodoliła ją pewno ta Majka stodolna,
Do połowy—przydrożna, od połowy—polna.

Ze stu światów na przedświat wyszła sama jedna
I patrzyła w to zboże, co szumi ode dna.

The Barn

You bekissed the maid, but nonetheless who
Rosed her pallid lips so that she'd kiss—you?

You let poplars shadow over that dirt road,
But who poplared them into the sky, though?

You hewed out that barn in four days or two,
But who barned it out for its own self-view?

It was surely barned by that barn-nymph May,
Who is halfway—roadwards, and fieldwards—halfway.

Lone, she reached the fore-world, leaving lots of worlds,
And she saw the barley susurrate in swirls.

* * *

Oto słońce przenika światłem bór daleki,
Sosnom z nieba podając tajny znak wieczoru.
Oto sosny spłonęły, jakby w głębiach boru
Nagle coś szkarłatnego stało się na wieki!

Zwabiony owym znakiem, biegnę tam niezwłocznie,
Aby zawczasu jeszcze, nim wpłynę w noc ciemną,
Zostać na nikłym trwaniu i sprawdzić naocznie
To właśnie, co już drzewa widziały przede mną.

* * *

The sun, pouring into a far forest floor,
Gives a secret signal of twilight to pines.
And deep in the forest, ablaze are the pines,
For it's, all at once, crimsoned evermore.

Enticed with that sign, I run there outright
Sooner 'fore I sail into the night sea
To stay there a little intending to sight
Myself what the trees have seen before me.

Gad

Szła z mlekiem w piersi w zielony sad
Aż ją w olszynie zaskoczył gad.

Skrętami dławił, ująwszy wpół,
Od stóp do głowy pieścił i truł.

Uczył ją wspólnym namdlewać snem,
Pierś głaskać w dłonie porwanym łbem,

I od rozkoszy, trwalszej nad zgon,
Syczeć i wić się i drgać, jak on.

Już me zwyczaje miłosne znasz,
Zwól, że przybiorę królewską twarz.

Skarby dam tobie z podmorskich den,
Zacznie się jawa—skończy się sen!

Nie zrzucaj łuski, nie zmieniaj lic!
Nic mi nie trzeba i nie brak nic.

Lubię, gdy żądłem równasz mi brwi
I z wargi nadmiar wysysasz krwi,

I gdy się wijesz wzdłuż moich nóg,
Łbem uderzając o łoża próg.

Piersi ci chylę, jak z mlekiem dzban!
Nie żądam skarbów, nie pragnę zmian.

Słodka mi śliny wężowej treść—
Bądź nadal gadem i truj i pieść!

Saurian

With her milkful breasts, orchardwards she struts,
Suddenly a saurian springs out of the shrubs.

Now he starts to choke her coiling round her waist
And fondles her throughly, poisons her in haste,

He schools her to swoon together in bed,
To stroke her own breasts by heaving his head,

To hiss and to shiver and to lose her breath
As he, rapt in lust more lasting than death.

Since you've got to know my amorous grace,
Let me now put on a noble king's face.

I shall give you treasures from the distant seas,
Real life will start, and the dream will cease!

Do not change your face, do not shed your slough!
I am short of nothing, I do have enough!

And smooth on my brows with your long forked tongue,
Suck blood from my lips that you have just stung.

I like you to slither all along my leg,
Beat your snaky head 'gainst the edge of bed.

Like a milkful jug, I give you my breast!
For this favor, saurian, no gems—I request.

Your snaky saliva is sweet, I confess—
Be always my saurian, poison and caress!

Dusiołek

Szedł po świecie Bajdała,
Co go wiosna zagrzała—
Oprócz siebie—wiódł szkapę, oprócz szkapy—wołu,
Tyleż tędy, co wszędy, szedł z nimi pospołu.

Zachciało się Bajdale
Przespać upał w upale,
Wypatrzył zezem ściółkę ze mchu popod lasem,
Czy dogodna dla karku—spróbował obcasem.

Poległ cielska tobołem
Między szkapą a wołem,
Skrzywił gębę na bakier i jęzorem mlasnął
I ziewnął wniebogłosy i splunął i zasnął.

Nie wiadomo dziś wcale,
Co się śniło Bajdale?
Lecz wiadomo, że szpecąc przystojność przestworza,
Wylazł z rowu Dusiołek, jak półbabek z łoża.

Pysk miał z żabia ślimaczy—
(Że też taki żyć raczy!)—
A zad tyli, co kwoka, kiedy znosi jajo.
Milcz, gębo nieposłuszna, bo dziewki wyłają!

Ogon miał ci z rzemyka,
Podogonie zaś z łyka,
Siadł Bajdale na piersi, jak ten kruk na snopie—
Póty dusił i dusił, aż coś warkło w chłopie!

Warkło, trzasło, spotniało!
Coć się stało, Bajdało?
Dmucha w wąsy ze zgrozy, jękiem złemu przeczy—
Słuchajta, wszystkie wierzby, jak chłop przez sen beczy!

Chokester

Vagrom roamed the world around
After spring had warmed the ground.
And besides himself he took an ox and a nag,
Here and there and everywhere, they together dragged.

Unwares, Vagrom felt like sleeping
Through the heat—heatfully creeping,
And he spotted a moss bedding under nearby oaks,
So he sifted through its softness with his heel's few pokes.

Then he bedded his flesh bag,
Betwixt the ox and the nag,
Twisted his both lips askew, clicked his tongue mouth-deep,
Yawned so strongly to the skies, spat and fell asleep.

No one knows today all out
What that Vagrom dreamt about?
But it's known that uglifying the surrounding beauty,
Chokester scrambled from the ditch like unsightly Clootie.

Froggy-snaily was its snout
(How that dastard durst live out!),
Like a broody hen's behind, was its bulged-out rump.
Begone, disobedient bounder, or you'll be bebumped!

And its tail—of a thong,
Crupper—of bast all along.
It bestrode the chest of Vagrom as a crow—a sheaf
And was choking as long as something snarled beneath,

Growled, cracked, and sweated through!
Vagrom, what's become of you?
He blew his moustache in horror and defied all evil—
Hark ye all here willow-trees this sleeping wight snivel!

Sterał we śnie Bajdała
Pół duszy i pół ciała,
Lecz po prawdzie niedługo ze zmorą marudził—
Wyparskał ją nozdrzami, zmarszczył się i zbudził.

Rzekł Bajdała do szkapy:
Czemu zwieszasz swe chrapy?
Trzebać było kopytem Dusiołka przetrącić,
Zanim zdążył mój spokój w całym polu zmącić!

Rzekł Bajdała do wołu:
Czemuś skąpił mozołu?
Trzebać było rogami Dusiołka postronić,
Gdy chciał na mnie swej duszy paskudę wyłonić!

Rzekł Bajdała do Boga:
O, rety—olaboga!
Nie dość ci, żeś potworzył mnie, szkapę i wołka,
Jeszcześ musiał takiego zmajstrować Dusiołka?

In sleep, Vagrom wore out whole—
Half his flesh and half his soul,
But indeed, against the nightmare, not so long he fought,
He did snort it through his nostrils, crinkled, woke, and thought.

Then he said to the nag: "whoop!
Why've you let your nostrils droop?
You should have knocked Chokester down with your hoofs with ease
Before it had enough time to shatter my peace!"

Then the ox was also asked:
"Why haven't you done your task?
You should have chased Chokester off with your head and horns
When it wanted to subdue me with its hideous forms!"

"God," says Vagrom quite awake,
"Goodness me! Gosh! For God's sake!
Wherefore on earth did you spawn me, and this ox, this nag,
And, moreover, make this Chokester? That's in sooth the snag!"

Świdryga i Midryga

To nie konie tak cwałują i uszami strzygą,
Jeno tańczą dwaj opoje—Świdryga z Midrygą.

A nie stęka tak stodoła pod cepów bijakiem,
Jak ta łąka, żgana stopą srożej, niż kułakiem!

Zaskoczyła ich na słońcu Południca blada
I Świdrydze i Midrydze i tańcowi rada.

Zaglądała im do oczu chciwie, jak do żłobu.
„Który w tańcu mię wyhula, bom jedna dla obu?”

„Moja będzie—rzekł Swidryga—ta pierś i ta szyja!”
A Midryga pięścią przeczy: „Moja lub niczyja!”

Ten ją porwał za dłoń jedną, a tamten za wtórą.
„Musisz obu nam nastarczyć, skąpico-dziewczuro!”

A ona im prosto w usta dyszy bez oddechu,
A ona im prosto w oczy śmieje się bez śmiechu.

I rozdwaja się po równu, rozszczepia się żwawo
Na dwie dziewki, na siostrzane—na lewą i prawą.

„Dosyć ciała dwoistego mamy tu na łące!
Tańczże z nami południami, dopóki jarzące!

Jedna dziewka rąk ma czworo i cztery ma łydy!
Niech upoją nas do reszty twe słodkie bezwstydy!”

Nasrożyli się do tańca, jak gdyby do boju—
Przysporzyli kwiatom zgiełku, łące—niepokoju.

Więc Świdryga pląsał z prawą, więc Midryga—z lewą,
Ten obcasem kurz zamiatał, a tamten—cholewą.

Hopster and Bobster

It's not horses now careering, pricking up their ears,
But two topers Hopster, Bobster dancing now and here.

And the barn is not so wailing under swingling flails,
As this meadow stabbed so deeply with their feet's assail!

Pale and sunny Lady Midday takes them unawares.
She likes Hopster and likes Bobster, and their dancing flairs.

She looks deeply in their eyes like troughs, never loath,
"Which of you will dance with me since I'm one for both?"

"She has to be mine,"says Hopster, "this breast and this neck!"
Bobster shakes his fist and nays, "Mine or no one's, heck!

This one seizes her left hand, and that one—the other.
"You must keep up with us both, you huzzy, you grudger!"

She is breathing with no breath in their mouths awry,
And she's laughing without laughter deeply in their eyes.

She is splitting into two with her eyes alight,
Into both the self-same wenches—the left and the right.

"We have enough two-fold body in this meadow, so
Dance with us all middays long till they are aglow!"

Thus, this wench has got four hands and she's got four thighs!
Let your sweetest, secret pieces bemuse our eyes!"

They are scowling in their dance as if in a battle,
Cause unrest among the flowers, in the meadow—rattle.

Hopster's dancing the one wench, and Bobster—the other.
This one's dusting with a heel, that one with an upper.

Na odsiebkę, na odkrętkę i znów na odwrotkę—
Podeptali macierzankę, błyszczkę i tymotkę!

Jeden wrzeszczał: „Konaj żywcem!", a drugi:
„Wciornaści!" Tańcowali aż do zdechu i aż do upaści!

Aż poczuli, że dziewczyna życie w tańcu traci,
I umarła jednocześnie we dwojej postaci.

„Pochowajmy owo ciało nie bardzo samotne,
Bo podwójne w tańcowaniu. a w śmierci dwukrotne.

Pochowajmy na cmentarzu, gdzie za drzewem—drzewo.
Zmówmy pacierz obopólny—za prawą i lewą."

W dwóch ją trumnach ułożyli, ale w jednym grobie—
A już huczy echo ziemne—tańczą trumny obie!

Tańczą, ciałem nakarmione, syte i hulaszcze,
Ukazując co raz w tańcu nie domkniętą paszczę.

Tańczą, skaczą i wirują, klepką dzwonią w klepkę,
Na odkrętkę, na odwrotkę i znów na odsiebkę!

Aż się kręci razem z nimi śmierć w skocznych lamentach,
Aż się wzdryga wnętrznościami przerażony cmentarz!

Aż się w sobie zatraciło błędne tańca koło,
Aż się stało popod ziemią huczno i wesoło!

Aż zmąciły się rozumy Świdrydze-Midrydze,
Jakby wicher je rozhulał na wiatraka śmidze!

I rozwiała się w ich głowach ta wiedza pomglona,
Gdzie jest prawa strona świata, a gdzie lewa strona?

W jakiej trumnie lewa dziewka. w jakiej prawa leży?
I która z nich i do kogo po śmierci należy?

Pulling selfward, and unspinning, back and forth anew,
Trampling clover, thyme and poppy, buttercup and rue.

Hopster's shouting, "Die alive!" Bobter's shouting, "blast!"
They are dancing till she drops till she breathes her last!

Now they feel the maiden's dying in this dancing storm.
And she's passed away at once in a twofold form.

"Let's lay this body to rest, it is not forlorn
Since she was double in dancing, in death—doubly mourned.

Let's lay—in this wooded graveyard in this shadowed cleft
And let's say a pair of prayers—for the right and left."

They have laid her in two coffins, albeit in one tomb.
At a glance, the coffins dance, and ground echoes boom!

Both the coffins fed on flesh in a frenzied trance,
Show and hide their jaws ajar—every time—in dance.

They dance on, and jump, and spin, the planks start to crack,
Pulling selfward, and unspinning, anew forth and back!

Now death starts to spin with them, he jumps and then wails,
So the frightened burial ground joggles its entrails!

So the vicious dancing circle becomes very weary,
So it turns below the ground resounding and cheery!

So now Hopster's, Bobster's minds become muddled, fail,
As if tangled by a gale on a windmill sail!

In their heads, their sapience scatters, dims and loses might,
Which of their hands—is the left, and which—is the right?

In which coffin, which wench lies, which of them to choose?
Besides, which wench, after death, will be wholly—whose?

Tak im w oczach opętanych świat się cały miga,
Że nie wiedzą, kto Świdryga, a kto z nich Midryga?

Jeno ujrzą otchłań śmierci czarną od ogromu:
„A bądźcie tu, ludzie dobrzy, jak u siebie w domu!

Jedna trumna dla jednego, dla drugiego—druga,
W jednej wieczność prawym okiem, w drugiej lewym mruga!"

Obłąkani nad przepaścią poklękali wzajem
I na klęczkach zatańczyli tuż, tuż nad jej skrajem.

Tańcowali na czworakach, tańcowali płazem,
Tak i nie tak—i na opak—razem i nie razem

Aż wwichrzeni w mrok dwóch trumien, jak dwa błędne wióry,
Powpadali w otchłań śmierci nogami do góry!

All the world around them flickers in their frenzied eyes,
Who is Hopster, who is Bobster—vainly they surmise.

When they see the depths of death that's blacker than gloam:
"Hearken here all ye good people, make yourselves at home!"

Eons blink in both the coffins, in each—with one eye:
The left eye—in Hopster's coffin, in Bobster's—the right.

Then the madmen on the brink kneel down both allied,
And start dancing on their knees tightly side by side.

And they're dandcing on all fours, then entirely flat
And together and apart, and this way and that.

Begloomed into both the coffins like two tattered shreds,
They have been engulfed by death—with heels over heads!

Ballada bezludna

Niedostępna ludzkim oczom, że nikt po niej się nie błąka,
W swym bezpieczu szmaragdowym rozkwitała w bezmiar łąka,
Strumień skrzył się na zieleni nieustannie zmienną łatą,
A gwoździki spoza trawy wykrapiały się wiśniato.
Świerszcz, od rosy napęczniały, ciemnił pysk nadmiarem śliny,
I dmuchawiec kroplą mlecza błyskał w zadrach swej łęciny,
A dech łąki wrzał od wrzawy, wrzał i żywcem w słońce dyszał,
I nie było tu nikogo, kto by to widział, kto by to słyszał.

Gdzież me piersi, Czerwcami gorące?
Czemuż nie ma ust moich na łące?
Rwać mi kwiaty rękami obiema!
Czemuż rąk mych tam na kwiatach nie ma?

Zabóstwiło się cudacznie pod blekotem na uboczu,
A to jakaś mgła dziewczęca chciała dostać warg i oczu,
A czuć było, jak boleśnie chce się stworzyć, chce się wcielić,
Raz warkoczem się zazłocić, raz piersiami się zabielić—
I czuć było, jak się zmaga zdyszanego męką łona,
Aż na wieki sił jej zbrakło—i spoczęła niezjawiona!
Jeno miejsce, gdzie być mogła, jeszcze trwało i szumiało,
Próżne miejsce na tę duszę, wonne miejsce na to ciało.

Gdzież me piersi, Czerwcami gorące?
Czemuż nie ma ust moich na łące?
Rwać mi kwiaty rękami obiema!
Czemuż rąk mych tam na kwiatach nie ma?

Przywabione obcym szmerem, wszystkie zioła i owady
Wrzawnie zbiegły się w to miejsce, niebywałe wesząc ślady,
Pająk w nicość się nastawił, by pochwycić cień jej cienia,
Bąk otrąbił uroczystość spełnionego nieistnienia,
Żuki grały jej potrupne, świerszcze—pieśni powitalne,
Kwiaty wiły się we wieńce, ach, we wieńce pożegnalne!

Peopleless Ballade

Never seen through human eyes, no one roamed it far and wide,
An unbounded meadow blossomed in its greenish-bluish hide,
A stream shimmered in the verdure—scores of sparkling silver shreds,
And carnations in the grasses dotted themselves cherry-red.
There a cricket, bulged with dew, dimmed its face with its own spit,
And a milkweed driblet bead glittered in its stalky slit,
Thence the meadow's breath did seethe, and breathe alive to the sun,
There was no one who could see that, nor could hear that, there was none.

> Where are my breasts—so hot in Junes?
> Why aren't my lips upon the blooms?
> I'd pluck bluebells to fill my arms.
> Why aren't these blooms between my palms?

It became there oddly-godly underneath the hemlock's side,
And a maidlike mist did want to be two-lipped and two-eyed.
One could see her painful struggle to possess the flesh and soul,
And to show her own white breasts, to flash with her plait of gold.
One could see her painful struggle, breathless torture, her womb's fear
Till she grew weaker forever, and she rested—unappeared!
But the place she could've been in, still existed and still sighed,
That place, useless for that soul, for that flesh—a scented site.

> Where are my breasts—so hot in Junes?
> Why aren't my lips upon the blooms?
> I'd pluck bluebells to fill my arms.
> Why aren't these blooms between my palms?

All the herbs and all the bugs, enticed with a strange rustle,
Came to sniff at unwalked tracks, to make a hubbubish bustle,
And a spider's voidward web tried to catch her shade at least,
And a bee-fly blithely bugled a fulfilled nonbeing feast,
Crickets chirred some welcome songs, beetles hummed some songs of grief,
And bellflowers wreathed themselves to become a farewell wreath!

Wszyscy byli w owym miejscu na słonecznym, na obrzędzie,
Prócz tej jednej, co być mogła, a nie była i nie będzie!

Gdzież me piersi, Czerwcami gorące?
Czemuż nie ma ust moich na łące?
Rwać mi kwiaty rękami obiema!
Czemuż rąk mych tam na kwiatach nie ma?

In that sunny celebration, they were all ashine with glee—
But that one who could've been—who is not—who'll never be!

> Where are my breasts—so hot in Junes?
> Why aren't my lips upon the blooms?
> I'd pluck bluebells to fill my arms.
> Why aren't these blooms between my palms?

Szewczyk

W mgłach daleczeje sierp księżyca,
Zatkwiony ostrzem w czub komina,
Latarnia się na palcach wspina
W mrok, gdzie już kończy się ulica.
Obłędny szewczyk—kuternoga
Szyje, wpatrzony w zmór odmęty,
Buty na miarę stopy Boga,
Co mu na imię—Nieobjęty!

Błogosławiony trud,
Z którego twórczej mocy
Powstaje taki but
Wśród takiej srebrnej nocy!

Boże obłoków, Boże rosy,
Naści z mej dłoni dar obfity,
Abyś nie chadzał w niebie bosy
I stóp nie ranił o błękity!
Niech duchy, paląc gwiazd pochodnie,
Powiedzą kiedyś w chmur powodzi,
Że tam, gdzie na świat szewc przychodzi,
Bóg przyobuty bywa godnie.

Błogosławiony trud,
Z którego twórczej mocy
Powstaje taki but
Wśród takiej srebrnej nocy!

Dałeś mi, Boże, kęs istnienia,
Co mi na całą starczy drogę—
Przebacz, że wpośród nędzy cienia
Nic ci, prócz butów, dać nie mogę.
W szyciu nic nie ma, oprócz szycia,
Więc szyjmy, póki starczy siły!

The Poor Cobbler

The sickle-shaped moon yon beyonds through mists,
And clings to a lum with its lower tip,
A street lamppost stands on its toes to dip
Into darkness deep till the road exists.
A crazy poor cobbler, who's little and lame,
Makes a pair of shoes watching ghostly skies
For God the Unfathomed (that's His godly name)
So that they can fit His feet's shape and size.

      Thus blessed be the trade,
From whose creative might
      Such shoes are being made
On such a silver night!

God of all the clouds, God of all the dew,
Take this bounteous gift I am giving Thee,
Lest Thou walk unshod, all barefooted—through
The heavenly azures that could hurt Thy feet!
Let the spirits lighting the cressets of stars
Make known to the world, under the clouds' storm
That always there where a cobbler was born,
God, fitly beshod, roams his raods and yards.

      Thus blessed be the trade,
From whose creative might
      Such shoes are being made
On such a silver night!

Lord, in sooth Thou gave'st me an existence slice,
For my path of life that crumb shall suffice,
Lord, I pray, pardon me my poorness excuse—
I can give Thee nothing except for these shoes.
Stitching is just stitching—nothing more than that;
This is why, let's stitch till no strength is left!

W życiu nic nie ma, oprócz życia,
Więc żyjmy aż po kres mogiły!

Błogosławiony trud,
Z którego twórczej mocy
Powstaje taki but
Wśród takiej srebrnej nocy!

Living is just living—nothing more than that;
This is why, let's live till we're life-bereft!

     Thus blessed be the trade,
From whose creative might
     Such shoes are being made
On such a silver night!

* * *

W malinowym chruśniaku, przed ciekawych wzrokiem
Zapodziani po głowy, przez długie godziny
Zrywaliśmy przybyłe tej nocy maliny.
Palce miałaś na oślep skrwawione ich sokiem.

Bąk złośnik huczał basem, jakby straszył kwiaty,
Rdzawe guzy na słońcu wygrzewał liść chory,
Złachmaniałych pajęczyn skrzyły się wisiory,
I szedł tyłem na grzbiecie jakiś żuk kosmaty.

Duszno było od malin, któreś, szepcząc, rwała,
A szept nasz tylko wówczas nacichał w ich woni,
Gdym wargami wygarniał z podanej mi dłoni
Owoce, przepojone wonią twego ciała.

I stały się maliny narzędziem pieszczoty
Tej pierwszej, tej zdziwionej, która w całym niebie
Nie zna innych upojeń, oprócz samej siebie,
I chce się wciąż powtarzać dla własnej dziwoty.

I nie wiem, jak się stało, w którym okamgnieniu,
Żeś dotknęła mi wargą spoconego czoła,
Porwałem twoje dłonie—oddałaś w skupieniu,
A chruśniak malinowy trwał wciąż dookoła.

* * *

The raspberry brushwood keeps us out of sight
Against prying eyes, and time freely lingers.
We gather the berries, cropped up through the night;
They blood with their juice at random—your fingers.

A humblebee hums gruffly as if ruffling blooms,
A weakly leaf sunbathes its brown-blighted bumps,
Festoons of frayed cobwebs sparkle in the sun,
A whemmeled hairy beetle crawls the leafage plumes.

You pluck the fruit—whispering—and the air is heavy.
Our whispers cease when, in this fruity balm,
My lips pick the berries from your open palm—
The berries soaked through with your body's savor.

The berries become a tool of caress—
This first that's amazed, that in all the skies,
Knows no other pleasures except for itself
And wants to recur to be a surprise.

I don't know how, when—straight away, apace—
Your lips brush my forehead covered with sweat drips.
I grasp both your hands; you give them with grace....
This raspberry brushwood here and still exists.

* * *

Taka cisza w ogrodzie, że się jej nie oprze
Żaden szelest, co chętnie taje w niej i ginie.
Czerwieniata wiewiórka skacze po sośninie,
Żółty motyl się chwieje na złotawym koprze.

Z własnej woli, ze śpiewnym u celu łoskotem
Z jabłoni na murawę spada jabłko białe,
Łamiąc w drodze kolejno gałęzie spróchniałe,
Co w ślad za nim—spóźnione—opadają potem.

Chwytasz owoc, zanurzasz w nim zęby na zwiady
I podajesz mym ustom z miłosnym pośpiechem,
A ja gryzę i chłonę twoich zębów ślady,
Zębów, które niezwłocznie odsłaniasz ze śmiechem.

* * *

The garden's so silent, it can't be defied
By a swish that's melting into it at will.
A brimstone is swaying on a goldish dill,
A red squirrel's jumping on a pine-tree high.

Of its own free will, with a tuneful crash,
From a russet tree, an apple falls down,
And breaks rotten sprigs longways one by one;
They, a little late, blindly, downwards—dash.

And you catch the apple, and you start to taste,
Pass it to my mouth with a lustful haste,
I, hungrily, munch it, eat up your teeth's cast,
The teeth you show promptly; your chuckles still last.

* * *

Wyszło z boru ślepawe, zjesieniałe zmrocze,
Spłodzone samo przez się w sennej bezzadumie.
Nieoswojone z niebem patrzy w podobłocze
I węszy świat, którego nie zna, nie rozumie.

Swym cielskiem kostropatym kąpie się w kałuży,
Co nęci, jak ożywczych jadów pełna misa,
Czołgliwymi mackami krew z kwiatów wysysa
I cieskliną swych mętów po ziemi się smuży.

Zwierzę, co trwać nie zdoła zbyt długo na świecie,
Bo wszystko wokół zatruwa i gasi,
Lecz gdy ty białą dłonią głaszczesz je po grzbiecie,
Ono, mrucząc, do stóp twych korzy się i łasi.

* * *

Autumnized and blindish gloaming—of the woods—has just come out,
Sired somehow by itself in its all dreamy non-dreams,
Unfamiliar with the skies looks up at the under-cloud,
And it sniffs keenly the world that—so baffling to it—seems.

And it bathes its scabrous trunk in this little puddly flood,
With a bowl of bracing bane, it allures and wheedles round,
While wiggling all its feelers, from the flowers it sucks blood,
And the droplets of its drool drip and drop along the ground.

Such a creature can survive in no ocean, in no land,
For it poisons, with its breath, all-aroundness which it meets.
When you stroke its scurfy back with your smooth and whitish hand,
Humbles it itself and growls, fondly fawning on your feet.

Trzy róże

W sąsiedniej studni rdzawi się szczęk wiadra.
W ogrodzie cisza. Na kwiatach śpią skwary,
Spoza zieleni szarzeje płot stary.
Skrzy się ku słońcu sęk w płocie i zadra,
O wodę z pluskiem uderzył spód wiadra.

Spójrzmy przez liście na obłoki w niebie
I na promieni po gałęziach załom,
Zbliżmy swe dusze i pozwólmy ciałom
Być tym, czym wzajem pragną być dla siebie!
Spójrzmy przez liście na obłoki w niebie.

Woń róż, śpiew ptaków i dwie dusze znojne,
I dwa te ciała, ukryte w zieleni,
I ten ład słońca wśród bezładu cieni,
I najście ciszy nagłe, niespokojne,
Woń róż, śpiew ptaków i dwie dusze znojne.

A jeśli jeszcze, prócz duszy i ciała,
Jest w tym ogrodzie jakaś róża trzecia,
Której purpura przetrwa snów stulecia,
To wszakże ona też nam w piersi pała –
Ta róża trzecia, prócz duszy i ciała!

Three Roses

A clang of a bucket rusties in the well.
Silence in the garden. Flowers scorched in dreams,
An old fence grows grey from beyond this green.
A knag and a splinter sparkle for a spell,
The bucket has swashed water in the well.

Let's look through the leaves at clouds in the sky
At the beams that glide over this tall tree,
Let's bring closer souls and let bodies be
What they for themselves really want to try!
Let's look through the leaves at clouds in the sky.

Roses' scent, birds' songs, and two weary souls,
Both these human forms hidden in the green,
Among scattered shadows this sleek sun is seen,
And a sudden silence from the side of knolls,
Roses' scent, birds' songs, and two weary souls.

Maybe by some means, 'sides the soul and flesh,
There is some third rose 'midst this garden green,
Whose crimson will weather the ages of dreams;
After all, it also burns in our breasts—
This third crimson rose 'sides the soul and flesh!

* * *

Kwapiły się burze,
Opóźnił się cud!
Powymarły róże
W cieniu twoich wrót.

O kulach przez błonie
Szedłem do tych róż.
Przyjść raz drugi po nie
Nie wolno mi już.

* * *

The impatient tempests hied,
And the miracle was late,
And the roses perished, died
In the shadow of your gate.

I, on crutches, traipsed about
To the roses, passing crofts.
Now no more am I allowed
To come back and cut them off.

Dwoje ludzieńków

Często w duszy mi dzwoni pieśń, wyłkana w żałobie,
O tych dwojgu ludzieńkach, co kochali się w sobie.

Lecz w ogrodzie szept pierwszy miłosnego wyznania
Stał się dla nich przymusem do nagłego rozstania.

Nie widzieli się długo z czyjejś woli i winy,
A czas ciągle upływał—bezpowrotny, jedyny.

A gdy zeszli się, dłonie wyciągając po kwiecie
Zachorzeli tak bardzo, jak nikt dotąd na świecie!

Pod jaworem—dwa łóżka, pod jaworem—dwa cienie,
Pod jaworem ostatnie, beznadziejne spojrzenie.

I pomarli oboje, bez pieszczoty, bez grzechu,
Bez łzy szczęścia na oczach, bez jednego uśmiechu.

Ust ich czerwień zagasła w zimnym śmierci fiolecie,
I pobledli tak bardzo, jak nikt dotąd na świecie!

Chcieli jeszcze się kochać poza własną mogiłą,
Ale miłość umarła, już miłości nie było.

I poklękli spóźnieni u niedoli swej proga,
By się modlić o wszystko, lecz nie było już Boga.

Więc sił resztą dotrwali aż do wiosny, do lata,
By powrócić na ziemię—lecz nie było już świata.

Two Poor Wights

The song re-sings in my soul, the song sobbed out in lament
About two poor wights in love—for each other they were meant.

In the garden, the first word of their love, in a hushed voice,
Forced them suddenly to part, leaving them without a choice.

And they didn't meet so long, no one knows now whom to blame,
But ceaselessly time passed on, and it never was the same.

When they met again at last, and they reached for blooms once more,
They fell as ill as no man had been ever ill before!

Under the sycamore tree—the two shadows, the two lairs,
Under the sycamore tree—the two dying downcast stares.

And they died without a kiss, without all those lustful sins,
Without tears of joy in eyes, without blissful, gleeful grins.

Their lips froze into death's purple, all unreddened to the core,
Then they both became as pale as no man had been before!

They still wanted to make love beyond their own deathful grave,
But the love ceased to exist, in no way it could be saved.

And they both knelt down too late on the threshold of their plight
To pray God for everything, but there was no God in sight.

So they held out till the spring, and then till the summer season
To come back to earth, but yon—was no world, and was no reason.

* * *

Tam na obczyźnie, gdy próżni ostoję
Noc wiekuista w bezgraniczach da mi,
Pójdę, zbłąkany pomiędzy śmierciami,
A co bądź spotkam–to nie będzie moje.

Pełen niczyjej ciemności i zgrozy,
Samemu sobie obcą będę marą—
Z jakąż bym wówczas miłością i wiarą
Modlił się choćby do obrazu brzozy!

Jakżebym spłonął łzą szczęścia gorącą,
Gdybym znienacka wśród mroków bezczynu
Natrafił dłonią, Boga szukającą,
Na gniazdo ptasie lub kwiaty jaśminu.

* * *

In that foreign land, where I'll go all damned
Among other deaths, when eternal night
Gives me the void's home, there, in the expanse
Whatever I'll meet, it will not be mine.

Full of no one's darkness and no one's dismay,
I'll be, to myself, an estranged wraith,
With such boundless love, with such boundless faith—
To a birch-tree picture, I would kneel and pray.

I'd burn with a tear of joy that's so hot
if, all of a sudden, 'midst those idle darks,
I found, with my hand trying to reach God,
A blossoming jasmine, or a nest of larks.

Śnieg

Pamiętam ów ruchliwie rozbłyskany szron
I śniegu ociężałe w gałęziach nawiesie,
I jego nieustanny z drzew na ziemię zron,
I uczucie, że w słońcu razem z śniegiem skrzę się.

A on ciągle narastał tu w kopiec, tam—w stos,
I drzewom białych czupryn coraz to dokładał,
Ślepił oczy i łechtał podbródek i nos,
I fruwał— i tkwił w próżni —i bujał i padał.

I pamiętam ów niski, wpół zapadły dom
I za szybami włóczek różnobarwne wzory.
Kto tam mieszkał? Pytanie—czy człowiek, czy gnom?
Byłem dzieckiem. Śnieg bielą zasnuwał przestwory.

Dotknąłem dłonią szyby, mimo strachu mąk,
I uczułem ślad hojny, niby czarów zbytek.
Tą dłonią dotykałem mych sprzętów i ksiąg
I niańki, by ją oddać na baśni użytek...

Serce marło, gdym w dłoni unosił ten ślad
W ciszę śniegu, co, prósząc, weselił się w niebie.
Śnieg ustał—i minęło odtąd tyle lat,
Ile trzeba, by ślady zatracić do siebie.

Jakże pragnąłbym dzisiaj, gdy swe bóle znam,
Stać, jak wówczas, przed domu wpół zapadłą bramą
I widzieć, jak śnieg ziemię obiela ten sam,
Śnieg, co fruwa i buja i pada tak samo.

Z jakimż płaczem-bym zajrzał—niepoprawny śniarz—
Do szyby, by swą młodość odgrzebać w jej szronie,
Z jakąż mocą bym tulił uznojoną twarz
W te dawne, com je stracił, w te dziecięce dłonie!

The Snow

I remember that swift-stirring of glittering rime
On the boughs, the crests of snow that there overhung
From the trees, their ceaseless sprewage all over the ground
And my sparkling with the snow jointly in the sun.

Here a hillock, there a mound as the snow still rose,
And it put some more white shags onto the trees' tops,
And it blinded my eyes tickling my chin and my nose,
And it flew, poised in the void, and swirled, and then dropped.

I remember a low cottage—that ramshackle home
And behind its windowpanes, colorful wool strands.
Who there lived? The question is: a man or a gnome?
There—I was a child, the snow enwrapped the expanse.

With my hand I touched the pane despite dread, alarm,
And I felt the lavish trace as if too much charm.
With that hand of mine, I touched my things and my books,
And my nanny to consign her for folk-tales' behoof.

My heart sank when, in my hand, I lifted that trace
In the silence of the snow joying in the sky.
The snow ceased. As many years, since then, have gone by
As are needed for those traces to be lost, effaced.

Oh, how I would wish today, when I know my pains,
To stand, as then, 'fore that home, its ramshackle gates,
And to see the selfsame snow whitening the plains,
The snow which flies and swirls likewise, flurries and abates.

I—an incurable dreamer, with so loud laments,
From the frost, would keenly scrape all my childish joy,
I would wrap my weary face, with such force and strength
In those bygone hands—lost hands of that little boy.

From *The Shadowy Potion*
(*Napój cienisty,* 1936)

Pierwsza schadzka

Pierwsza schadzka za grobem! Rozwalona brama.
Stąpaj pilnie!... Ucałuj ten po drodze krzak.
Czy to – ty? Już zmieniona, a jeszcze—ta sama?
Upewnij!... Wzrok mi słabnie... Podaj dłonią znak!

Nie ma znaków! Od dawna już w nic się rozwiały!
Nie ma żadnych upewnień! Nikt nie wierzy w nas!...
Zmilkły śmiechy w ciemnościach i płacze ustały.
W pajęczynie po kątach zagnieździł się—czas...

Zejdź z drogi—ćmom i kwiatom!... Postroń się złudzeniom!...
Chyba najrzeczywistszy jest ten—siana stóg...
Czemu płaczesz?—Dla ludzi, oddanych istnieniom,
Ból nasz – ledwo jest dreszczem księżycowych smug.

The First Tryst

The first tryst after death. Wide open's the gate.
Tiptoe with care, slowly, kiss that shrub away.
Is it you, changed so soon—still the same of late?
Make me sure...my eyes fail...call me-wards and wave!

There are no signs, no callings! Voidwards—they are blown!
No one believes in us! Nothing's wrong or right!
Laughs have ceased in the dark, and moans have unmoaned.
In all the cobwebbed corners, time has nested tight.

Sidestep specters and flowers, and night butterflies.
This haystack is the truest of all other things.
Do not cry! For those people, engrossed in their lives,
Our pain is just barely thrills of lunar strings.

Tajemnica

Nikt nas nie widział—chyba te ćmy,
Co puszyścieją w przelocie.
I tak nam słodko, że tylko—my
Wiemy o naszej pieszczocie.

Młodsza twa siostra, zrywając wrzos,
Śledziła szept nasz daleki...
I mówiąc z nami, ucisza głos—
A milknąc—spuszcza powiek.

I po ogrodzie mknie wzdłuż i wszerz,
Zaprzepaszczona w swym śpiewie!
I tak nam słodko, że ona też
Wie o tym, o czym nikt nie wie...

The Secret

Nobody's seen us—these moths maybe,
Which fluff themselves flying across.
We feel so sweet that only we
Do know about our caress.

Your younger sister, plucking trefoils,
Has spied on our faraway sighs,
Speaking to us—lowers her voice
And falling silent—lowers her eyes.

And in the garden, and on the lea,
She is all lost—singing her lays
We feel so sweet that also she
Does know that which—nobody else.

.

Dziewczyna

Dwunastu braci, wierząc w sny, zbadało mur od marzeń strony,
A poza murem płakał głos, dziewczęcy głos zaprzepaszczony.

I pokochali głosu dźwięk i chętny domysł o Dziewczynie,
I zgadywali kształty ust po tym, jak śpiew od żalu ginie...

Mówili o niej: „Łka, więc jest!" —I nic innego nie mówili,
I przeżegnali cały świat—i świat zadumał się w tej chwili...

Porwali młoty w twardą dłoń i jęli w mury tłuc z łoskotem!
I nie wiedziała ślepa noc, kto jest człowiekiem, a kto młotem?

„O, prędzej skruszmy zimny głaz, nim śmierć Dziewczynę rdzą powlecze!"
Tak, waląc w mur, dwunasty brat do jedenastu innych rzecze.

Ale daremny był ich trud, daremny ramion sprzęg i usił!
Oddali ciała swe na strwon owemu snowi, co ich kusił!

Łamią się piersi, trzeszczy kość, próchnieją dłonie, twarze bledną...
I wszyscy w jednym zmarli dniu i noc wieczystą mieli jedną!

Lecz cienie zmarłych—Boże mój! —nie wypuściły młotów z dłoni!
I tylko inny płynie czas—i tylko młot inaczej dzwoni...

I dzwoni w przód! I dzwoni wspak! I wzwyż za każdym grzmi nawrotem!
I nie wiedziała ślepa noc, kto tu jest cieniem, a kto młotem?

„O, prędzej skruszmy zimny głaz, nim śmierć Dziewczynę rdzą powlecze!"
Tak, waląc w mur, dwunasty cień do jedenastu innych rzecze.

Lecz cieniom zbrakło nagle sił, a cień się mrokom nie opiera!
I powymarły jeszcze raz, bo nigdy dość się nie umiera...

Inigdy dość, i nigdy tak, jak pragnie tego ów, co kona!...
I znikła treść—i zginął ślad— i powieść o nich już skończona!

The Maiden

Twelve brothers-dreamers probed the dream-side of the wall,
Behind the wall, in vain, a maiden's voice did crawl.

They grew to love that voice—her image—they conceived,
They pictured her lips' shapes, and fading songs of grief.

"She cries therefore she is," they said, that's all they said,
They crossed themselves around, and musing at once spread.

They firmly grabbed their hammers, and smashed the wall with blare,
Which were the men, which—hammers—night couldn't be aware.

"Let's break cold bolder up 'fore death berust her whole!"
The twelfth of brothers said, and strongly struck the wall."

But futile was their strain, so were their hands' attempts
They doomed themselves to hell—that dream which wheedled them:

Their chests crack, their bones rattle, their hands rot their skins white....
They passed away together, one—henceforth—was their night.

The shadows of the dead gripped hammers in their hand,
But other time did flow, the hammers elsewise banged....

Ahead—blares! Behind—blares! And higher with each blow!
Which are the ghosts, which—hammers, at all—night couldn't know.

"Let's break cold bolder up 'fore death berust her whole!"
The twelfth of brothers said, and strongly struck the wall."

The shadows lose their verve—shadows yield glooms their slough.
They pass away once more—one never dies enough....

Never enough, nor thus as one who dies hopes for....
The plot leaves here no trace, the story is no more.

Lecz dzielne młoty— Boże mój—mdłej nie poddały się żałobie!
I same przez się biły w mur, huczały śpiżem same w sobie!

Huczały w mrok, huczały w blask i ociekały ludzkim potem!
I nie wiedziała ślepa noc, czym bywa młot, gdy nie jest młotem?

„O, prędzej skruszmy zimny głaz, nim śmierć Dziewczynę rdzą
powlecze!" Tak, waląc w mur, dwunasty młot do jedenastu innych rzecze

I runął mur, tysiącem ech wstrząsając wzgórza i doliny!
Lecz poza murem— nic i nic! Ni żywej duszy, ni Dziewczyny!

Niczyich oczu ani ust! I niczyjego w kwiatach losu!
Bo to był głos i tylko—głos, i nic nie było oprócz głosu!

Nic— tylko płacz i żal i mrok i niewiadomość i zatrata.
Takiż to świat! Niedobry świat! Czemuż innego nie ma świata?

Wobec kłamliwych jawnie snów, wobec zmarniałych w nicość cudów,
Potężne młoty legły w rząd, na znak spełnionych godnie trudów.

I była zgroza nagłych cisz. I była próżnia w całym niebie!
A ty z tej próżni czemu drwisz, kiedy ta próżnia nie drwi z ciebie?

But those courageous hammers do not yield to the gloom—
Themselves—they break the wall, themselves—they thud and boom.

They, bathed in human sweat—alight—boom in the dark.
When hammers do not hammer—unknows night what they are.

"Let's break cold bolder up 'fore death berust her whole"—
The twelfth of hammers said, and strongly struck the wall."

The wall falls down, and echoes, it shakes the hills and dells.
Beyond the wall—was nothing! There was no soul, no girl.

There were no eyes, nor lips! Nobody's life nor choice!
It was the voice, just—voice, and nothing but the voice!

Just only cry and grief, and darkness, and bereavement!
Such is the wicked world! Why isn't it quite different?

All those false dreams and wonders decay into the void,
The hammers do lie down—in line—for worthy toil.

A dread of sudden silence, the void in all the blue!
Why do you mock this void—this void does not mock—you?

Znikomek

W cienistym istnień bezładzie Znikomek błąka się skocznie.
Jedno ma oko błękitne, a drugie—piwne, więc raczej
Nie widzi świata tak samo, lecz każdym okiem—inaczej
I nie wie, który z tych światów jest rzeczywisty—zaocznie?

Dwie dusze tai w swej piersi: jedna po niebie się włóczy,
Druga—na ziemi marnieje. Dwie naraz kocha dziewczyny:
Ta czarna—snu wieczystego na pamięć barwnie się uczy,
Ta jasna—całun powiewny tka dla umarłej doliny.

Którą z nich kocha naprawdę? Złe ścieżki! Głębokie wody!
Urwiska!—Nawoływania!—I znikąd żadnej pomocy!
I powikłane od lęku, w mrok pierzchające ogrody!
A w dłoniach—nadmiar istnienia, a w oczach— okruchy nocy!

I mgła na ustach dziewczyny, rumianych marzeń rozgrzewką,
A kwiaty wzajem się widzą—a zgony wzajem się tłumią!
Znikomek spożył kęs nieba i miesza złotą mątewką
Cień własny z cieniem brzóz kilku. A brzozy śnią się i szumią.

Nearunbeen

Nearunbeen spryly meanders through shadows' randan.
His left eye is hazel-brown, and blue is the right,
And each time, each of his eyes sees a different site.
Which one is uneyely real—he can't understand.

In his chest, there are two souls: in heaven one roves,
On earth wastes away the other. Two girls are his love:
The one, dark-haired, learns in colors her last sleep by rote,
The blonde knits the shroud of mist for a lifeless clough.

Which of them does he love truly? Wrong roads, rushing streams,
And all over—steep cliffs, callings! Nowhere—help in sight!
Gardens, tangled up by fear, vanish into dreams!
In his hands—too much existence, in—eyes—crumbs of night!

And are warmed with crimsoned visions the girl's misted lips,
Flowers look at one another, and deaths by turns die.
And he eats a grain of heaven. With a golden whisk,
He hlends his shade with trees' shade. In dreams—birches sigh.

Po ciemku

Wiedzą ciała, do kogo należą,
Gdy po ciemku, obok siebie leżą!
Warga—wardze, a dłoń dłoni sprzyja—
Noc nad nimi niechętnie przemija.
Świat się trwali, ale tak niepewnie!...
Drzewa szumią, ale pozadrzewnie!...
A nad borem, nad dalekim borem
Bóg porusza wichrem i przestworem.
I powiada wicher do przestworu:
„Już nie wrócę tej nocy do boru!"
Bór się mroczy, a gwiazdy weń świecą,
A nad morzem białe mewy lecą.
Jedna mówi: „Widziałam gwiazd losy!"
Druga mówi: „Widziałam niebiosy!"
A ta trzecia milczy, bo widziała
Dwa po ciemku pałające ciała...
Mrok, co wsnuł się w ich ściśliwe sploty,
Nic nie znalazł w ciałach, prócz pieszczoty!

Darklings

These two bodies know to whom they are tied
When they lie in bed darklings side by side.
The lip wants the lip, the hand wants the hand,
This night—on sufferance—passes over them.
The world worlds itself but with a delay,
The trees swish and swoosh—untreewise—away,
And over the grove—you can't see it hence—
God's moving a gale and all the expanse.
The gale is telling the expanse: "Tonight,
No more shall I come to this sylvan site."
The grove darks itself—nto it—stars shine,
And over the sea some white gulls are flyin'.
One gull starts to say, "I saw the stars' lives,"
And the other says, "I saw high the skies."
The third one is silent for it saw down there
The two bodies—darklings—both ablaze and bare....
The darkness, squeezed into their cuddles tight-pressed,
Found nought in the bodies except—the caress.

Srebroń

Nastała noc, spragniona wymian
Mroku na dreszcze w półśnie rosy.
Dąb bałwochwalczo wierzy w Tymian,
We wpływ Tymianu— na niebiosy.

Światła na trawie mrą pokotem—
Śmierć świateł wzrusza leśne knieje.
Północ przedawnia się pod płotem,
A płot— przyszłością gwiazd srebrnieje.

Gdzie jest bezdroże? A gdzie—droga?
Gdzie—dech po śmierci? Ból—po zgonie?
Więc nie ma tchu i nie ma Boga?
I nie ma nic—a księżyc płonie?

Księżyc to—wioska ogromniasta,
Gdzie ciszę ciuła brat mój—Srebroń,
Co siebie własnym snem przerasta,
Więc mu istnienia w srebrze—nie broń!

To—niepoprawny Istnieniowiec!
Poeta! Znawca mgły i wina.
Nadskakujący snom—manowiec,
Wieczności śpiewna krzątanina.

W sieć rymów łowi srebrne myszy,
I srebrny chwast i srebrną jabłoń—
I rzuca strzępy srebrnej ciszy
Na księżycową błoń czy prabłoń...

„Śmierci!—powiada—Mrok nas słyszy!
Nie śmiej się w niebo i nie błaznuj!"
I rzuca strzępy modrej ciszy
Na księżycowy znój czy praznój...

Silveroon

Night has fallen down—eager to, at will,
Swap darkness for shivers in this drowsy dew.
Slavishly and blindly Oak believes in Dill
It believes that Dill scents the heavens through.

In the grass, all lights fall dead side by side,
And the death of lights makes the forests glum,
By the nearby fence, midnight has just died,
And the fence turns silver from the stars to come.

Where—the untrod tract? And where is—the trod?
Where—after-death breath? And after-death pain?
So there is no breath and there is no God?
And there is just nothing—but the moon aflame?

The Moon is a hamlet—so huge and serene
There scrimps and saves silence—my kin Silveroon,
He outgrows himself imbued with his dream,
So let his existence be all silver-strewn!

He's earnest Exister and he is a poet,
Connoisseur of mist and only best wines.
He pays court to dreams, he's a nowhere-goer,
Eternity's stir that tunefully shines.

In the nets of rhymes, he traps silver rats
Silver apple-trees, and a silver weed,
He scatters at will silver silence scraps
Upon the Moon's meadow—or the primal mead?...

"O Death!" now he says, "We are heard by dusk.
Don't laugh to the skies, and don't clown and jest."
He scatters at will scraps of deep blue hush
Upon the Moon's sweating—or the primal sweat?...

„Jam ten—powiada—co mgłą dyszy
I wie, że Bóg to—łza i zamieć!"
I rzuca strzępy złotej ciszy
Na księżycową miedź czy pramiedź...

Pełno tam—dolin, wzgórz, bajorów,
Modrych rozwiśleń i udniestrzeń,
I niby scena bez aktorów,
Rozpacza pusta w świetle przestrzeń.

I szepce Srebroń w dal znikomą:
Nie samym świtałem mrok się żywi—
Wszyscy jesteśmy nieszczęśliwi,
Lecz po co srebrnieć?—Nie wiadomo...

Nim śmierć w źdźbło mroku przeistoczy
Pomysł mych łez—i zarys ducha—
Niech mi gwiazdami spyla oczy
Nicości złota rozsypucha!"

I gdy tak mówi—nicość właśnie
Kłami połyska—zła i szczera,
I jeszcze jedna gwiazda gaśnie,
I jeszcze jeden Bóg umiera.

"I'm this one, he says, "who breathes out a mist,
Who knows this is God—a tear and wind blasts."
He scatters at will scraps of golden peace
Upon the Moon's brassing—or the primal brass?...

There are many hills, and ponds in that place—
And rivers bestream vales in blue palette.
In the light of day grieves the empty space
As if 'twere a stage without any actor.

And Silveroon whispers to the far-away:
"Not only on light does the darkness feed.
Unhappy are all—you, and I ,and they,
For all that, why silver? Does anyone need?..."

"Before death transforms the shape of my soul,
The shape of my tears into ghostly grains
Just let nonexistence, this strewer of gold,
Dust my eyes with stars in the place it reigns."

While he says these words, nonexistence now
Glistens with its fangs—evil and heartfelt,
And another star right away goes out.
And another God breathes out his last breath.

Poeta

Zaroiło się w sadach od tęcz i zawieruch—
Z drogi!— Idzie poeta—niebieski wycieruch!
Zbój obłoczny, co z światem jest—wspak i na noże!
Baczność!—Nic się przed takim uchronić nie może!
Słońce—w cebrze, dal—w szybie, świt—w studni, a zwłaszcza
Wszelkie dziwy zza jarów—prawem snu przywłaszcza.
Rad Boga między żuki wmodlić—do zielnika,
Gdzie się z listem miłosnym sam jelonek styka!...
Świetniejąc łachmanami—tym żwawszy, im golszy—
Nie bez wróżb się uśmiecha do grabu i olszy—
I widziano w dzień biały tego obłąkańca,
Jak wierzbę sponad rzeki porywał do tańca!
A tak zgubnie porywać, mimo drwin i zniewag—
Zdoła tylko z otchłanią sprzysiężony śpiewak.
Żona jego, żegnając swój los znakiem krzyża,
Na palcach—pełna lęku do niego się zbliża.
Stoi... Nie śmie przeszkadzać... On słowa nawleka
Na sznur rytmu, a ona płochliwie narzeka
„Giniemy... Córki nasze—w nędzy i rozpaczy...
A wiadomo, że jutro nie będzie inaczej...
Wleczesz nas w nieokreślność... Spójrz—my tu pod płotem
Mrzemy z głodu bez jutra, a ty nie wiesz o tem!"—
Wie i wiedział zawczasu!... I ze łzami w gardle
Wiersz układa pokutnie—złociście— umarle—
Za pan brat ze zmorami... Treść, gdy w rytm się stacza,
Póty w nim się kołysze, aż się przeistacza.
Chętnie łowi treść, w której łzy prawdziwe płoną—
Ale kocha naprawdę tę—przeinaczoną...
I z zachłanną radością mąci mu się głowa,
Gdy ujmie niepochwytność w dwa przyległe słowa!
A słowa się po niebie włóczą i łajdaczą—
I udają, że znaczą coś więcej, niż znaczą!...

I po tym samym niebie—z tamtej ułud strony—
Znawca słowa—Bóg płynie—w poetę wpatrzony.

The Poet

Orchards have windily grown rainbowy and fragrant!
Make way! Poet's walking here—this heavenly vagrant,
Cloud ruffian at daggers drawn with each one and all!
Look out! Nothing can be saved from this crazy soul!
By the law of dreams, he steals the sun from the pail,
Dawn and farness—from the window, marvels from the dale.
Between sheets of the herbarium, where all leaves are dried,
A stag-beetle meets a love-note, God's imprayed inside....
Dazzling with his rags, he gets—more lithe and unclothed;
Not without soothsays—he smiles at an elm and oak.
'Twas broad daylight, at one time, this madman was seen,
On the river bank, to dance—a willow in green!
Just a singer and abyss—both in common plots—
Could dance in that dreadful way despite taunts and mocks.
His wife crosses herself slowly over all her woes,
Fearful, she comes up to him softly on her toes.
She stands...and he strings his words on a thread of rhythm,
She daren't disturb, she deplores demurely to him:
"We are dying.... Our daughters—dismayed, destitute....
The days to come will not differ—It's a well-known truth.
You bring vagueness upon us.... We're under the fence,
We are dying here of hunger, without any sense.
He knows now and knew—before!... With tears in his throat,
He composes rhymes as penance—dyingly—in gold.
He's well-known to apparitions.... Words fall into rhythm,
And they recompose themselves while they roll in him.
He gladly catches the words in which true tears blaze—
Albeit he loves truly those reshaped and amazed....
He feels giddy and bewildered with voracious mirth,
When he puts what is elusive into two joined words,
And the words drift throughout heaven, they carouse and sway,
They pretend that they say more than they really say....

In this heaven phantoms-side-wise, as you maybe know it,
God, word virtuoso, sails and stares at the poet.

Widzi jego niezdolność do zarobkowania
I to, że się za snami tak pilnie ugania!
Stwierdza z zgrozą, że w chacie—nędza i zagłada—
A on w szale występnym wiersz śpiewny układa!
I Bóg, wsparty wędrownie o srebrzystą krawędź
Obłoku, co się wzburzył skrzydłami, jak łabędź—
Z łabędzia—do poety, zbłąkanego we śnie—
Uśmiecha się i pięścią grozi jednocześnie!

God sees he cannot put bread on the table daily,
And He sees the poet's busy chasing dreams so gaily.
Appalled, God sees in his hut there is death and dearth,
And the poet in his frenzy writes a tuneful verse.
Whereas God roamingly leaning 'gainst a cloudlet edge,
Which is like a swan's spread wings—white and fully-fledged;
From that swan towards the poet, lost in dreams of rhyme,
Smiles and shakes His fist at him in the nick of time.

Urszula Kochanowska

Gdy po śmierci w niebiosów przybyłam pustkowie,
Bóg długo patrzał na mnie i głaskał po głowie.

„Zbliż się do mnie, Urszulo! Poglądasz, jak żywa...
Zrobię dla cię, co zechcesz, byś była szczęśliwa."

„Zrób tak, Boże—szepnęłam—by w nieb Twoich krasie
Wszystko było tak samo, jak tam—w Czarnolasie!"—

I umilkłam zlękniona i oczy unoszę,
By zbadać, czy się gniewa, że Go o to proszę?

Uśmiechnął się i skinął—i wnet z Bożej łaski
Powstał dom kubek w kubek, jak nasz—Czarnolaski.

I sprzęty i donice rozkwitłego ziela
Tak podobne, aż oczom straszno od wesela!

I rzekł: „Oto są—sprzęty, a oto—donice.
Tylko patrzeć, jak przyjdą stęsknieni rodzice!

I ja, gdy gwiazdy do snu poukładam w niebie,
Nieraz do drzwi zapukam, by odwiedzić ciebie!"

I odszedł, a ja zaraz krzątam się, jak mogę—
Więc nakrywam do stołu, omiatam podłogę—

I w suknię najróżowszą ciało przyoblekam
I sen wieczny odpędzam—i czuwam—i czekam...

Już świt pierwszą roznietą złoci się po ścianie,
Gdy właśnie słychać kroki i do drzwi pukanie...

Więc zrywam się i biegnę! Wiatr po niebie dzwoni!
Serce w piersi zamiera... Nie!... To—Bóg, nie oni!...

Ursula, the Poet's Daughterling[*]

When I entered heaven after my own death,
God behld me slowly while stroking my head.

"Come closer, Ursula. You do not look dead....
I'll do all for you so that you be glad."

"Do thus, Lord," I whispered, "under Thy blue dome,
Make all things the same as yon in my home."

Trembling, I did hush, lowered my eyes lest
He should be displeased with my bold request.

He gestured and smiled. By the grace of God—
Yonder showed a home like my past abode.

The things, and the pots full of fragrant dill—
So alike—my eyes are mazed and athrill.

"All's in place," quoth He, "the pots are abloom,
And your pining parents will be coming soon.

Having lulled the stars to sleep, now and then
I'll knock on the door to see you, amen."

And He went away. I busy myself
With laying the table and dusting dad's shelves,

I do clothe myself in the pinkest dress,
Warding off last sleep, I wait. I can't rest....

A wall of the room is kindled by dawn,
And just at this moment—the door is knocked on....

I jump up and run! Wind's whistling its lay!
All at once I freeze—No!... It's God, not they!...

---

[*] Ursula [Polish *Urszula*] was a daughter of Jan Kochanowski, a Polish Renaissance poet, one of the greatest European poets of all time. She died at the age of about three.

Zmierzchun

Póty w cieniu jałowca śniła rozłożyście,
Aż z lasu wybrnął Zmierzchun—i pomącił liście.
Złote żuki, wylęgłe z ciepłych snów dziewczyny,
Wnicestwiły się w bujnej piersi—kosmaciny.

Poznał żuki—po złudzie... I jednym spojrzakiem
Ogarnął krzak, dziewczynę i nicość za krzakiem.
Płodząc we łbie żądz nagłych jadowite męty,
Pełznął ku niej w biel ramion zaborczo wśmiechnięty.
Tchem drapieżnym uderzył o senny brzeg ciała...

„Śmierć, lub miłość!"... Pobladła i miłość wybrała!
A w dalekim ogrodzie za siódmą gęstwiną,
Tam widziano dwie dłonie, co z baśni w baśń płyną.
Żałowały się wzajem, zmarniałe przedwcześnie,
A deszcz padał w ogrodzie i padał deszcz we śnie.

Obie mokre od deszczu, w nierównej z snem walce
Do modlitwy o szczęście splatały swe palce.
I w dalekim ogrodzie omdlewały czasem,
Gdy je Zmierzchun zbyt pieścił w swej norze—pod lasem.

Duskeen

She was dreaming widely in a savin's shade
When Duskeen arose and stirred the leaves' blades.
Golden beetles, hatched from the maid's dream warmth
Nothinged themselves into a chest's hairy swarm.

He picked out the beetles by fancy and viewed
all: the bush, the maid, the beyond-bush void.
Siring headlong lusts of prompt deadly scum,
He was creeping maidwards, laughed into her arms.
With his preying breath, he struck her slow body—

"Death or love?" She paled, then—"Love!" She acknowledged.
In the distant garden, by the seventh vale
There were seen two hands in various folk tales.
They pitied each other that—too soon—grew frail
It was raining there, and in dream—as well.

Both were wet with rain, in an unfair fight
With the dream, both clasped to pray for delight.
In the distant garden, sometimes fainted they—
Too much kissed by Duskeen in his by-wood cave.

Niewidzialni

Niewidzialnych istot tłumy sąsiadują z nami wszędzie.
I kto kogo ujrzy pierwej? I kto komu duchem będzie?

Błąkają się między nami i po nocy, i o świcie
I nie wiedzą, że to właśnie jest wzajemność i współżycie.

Oni o nas, a my o nich nic nie wiemy—tylko tyle.
Że bywają nagłe zmierzchy i przychodzą pewne chwile...

A łódź moja trwa u brzegu—ponad rzeki głęboczyzną
I ta woda, co śni siebie—jest jej grobem i ojczyzną.

I ktoś bardzo wieloraki łodzią chwieje i kołysze
A stwierdziłem wokół zieleń i stwierdziłem wokół ciszę...

A to oni łódź trącają, upojeni snem i trwogą
I odpłynąć chcą koniecznie, lecz nie mogą, bo nie mogą...

Sił im starczy do majaczeń w mgle, co w śmierć się sączy błędna,
Ale brak im dzielnej mocy, co do wioseł jest niezbędna...

A ja pragnę, by łódź drgnęła, gdy się tłumnie zbliżą do niej,
I by dłoń ich nieostrożna pozostała w mojej dłoni...

The Invisible Beings

The crowds here of unseen beings share with us a common room.
Who'll be the first to see whom? Who will be the ghost to whom?

They roam about among us when it's day and when it's night.
And they do not know at all—this is just a common life.

We know nothing about them, neither do they—about us
Only known are spans of time, on and off—a sudden dusk.

My boat still rests on the bank, it's above the river base,
And this water all self-dreaming is its home and burial place.

And somebody, very various, sways and wobbles all the boat,
I have found the verdure here, I have found the hush afloat.

It is they jostling the boat who are drunk with sleep and dread,
And they need to sail away, but they can't as can be said.

They have enough strength to dream in a vagrant mist death-soaked
But they lack this plucky power that one needs to row the boat.

And I want the boat to budge when they—in crowds—t'wards it—wend,
And I want their heedless hand to be still left in my hand.

Goryl

Z po za drzew gęstwy goryl kosmaty
Śmieszliwem ślepiem wyzierał w światy.

Małpował orła, gdy ranny strzałą
Wlecze po ziemi nic warte ciało.

I lwa małpował, kiedy w barłogu
Kłem spłoszonemu zagraża Bogu.

I, drwiąc, przedrzeźniał wieczności minę,
Kiedy z błękitu schodzi w dolinę.

Aż śmierć, wtulona w szary przyodziew,
Stanęła przed nim, że zbladł nad spodziew!

Chciał ją zmałpować, ale nie umiał,
Chciał coś zrozumieć—i nie zrozumiał.

I padł jej do nóg, nie wiedząc czemu,
I—niewiedzący —skomlał po psiemu.

A ona cicho, niby mogiła,
Pierś mu przydeptać stopą raczyła.

Niezmałpowana, nieprzedrzeźniona
Patrzyła w niego, jak rzężąc, kona.

The Gorilla

A hairy gorilla, from behind the trees,
Was watching the world through his eyes with glees.

And he aped the eagle, wounded with an arrow,
When he dragged his body worth less than a sparrow.

And he aped the lion when he, in his lair,
Threatened frightened God seeing his fangs bared.

And mocking, he aped Eternity's face,
When it leaved the blue for the vales and caves.

And all of a sudden, Death in a gray garb
Stood in front of him, he turned pale—off guard.

He wanted to ape him but didn't know how,
He wanted to fathom but he fathomed nowt.

He fell at Death's feet and didn't know why,
And, without this knowledge, like a dog, he howled.

Death, all calm and silent like a burial place,
Stepped upon his chest slowly, without haste.

And unaped, unmocked, Death quietly gazed
At him, while he, ruckling, was passing away.

Dookoła klombu

Gdy wzbiera ciszą śmierci południa upalność
Dokoła mego klombu—zgiełk i niewidzialność!

Grzmią wozy, chrapią konie i dzwonią kopyta
Lśni kurzawa, ku słońcu bezrozumnie wzbita!

Wciąż dokoła, dokoła... Wciąż tą samą drogą!...
Słychać wszystko i wszystkich—nie widać nikogo!

Pędzą z szumem tysiące oszalałych borów
Wykrzykując gwiazd nazwy i nazwy przestworów!

Brak im miejsca! ścisk we śnie! Aż próżnia się mroczy!
Czy to—byt, czy to—niebyt tak wrzawnie się tłoczy?

Nic nie ma prócz pośpiechu! Gdzie teraz ich—ciało?
I czy ciągle się staje, to co raz się stało?

Zdaje mi się, że pęd ich mam w uszach i skroni
I że lecę wraz z nimi, jeżeli to—Oni!...

A gdy wrzawa zamilka i cisza się dłuży,
Zdaje mi się, żem stanął u celu podróży...

Round the Flower Garden

When the noon heat rises with death's hush and poise
Round my flower garden—unseenness and noise.

Carts clang, horses neigh, their hoofs beat the ground,
Rashly risen dust, glitters t'wards the sun!

On the same track, onwards, still around, around!
And all is here heard, but seen can be—none!

Thousand frenzied forests loudly swooshing—dash,
Shout out the stars' names and those of the vasts'!

Dreams cannot hold more! The void overclouds!
Does being crowd here, or nonbeing crowds?

There is only haste! But where is their—flesh?
Does what has occurred still occurs afresh?

And it seems to me they are in my ears,
And I fly with them if it's They who're here!

When the noise falls quiet, the silence drags slowly,
As it seems to me, my journey is over....

Przed świtem

Trwa jeszcze ciemne rano—
Śpi niebo nad altaną.

Staw błysnął o dwa kroki—
Już widać, że głęboki.

W łopuchu czy w pokrzywie
Świerszcz dzwoni przeraźliwie!

Rozpoznajże w ciemnocie,
Czy wróbel tkwi na płocie?

Kształt wszelki wybrnął z cienia.
Lecz nie chce mieć imienia.

Chce snom się jeszcze przydać:
Nie widać nic, a—widać.

Before Dawn

It is dark still in this hour,,
And the sky sleeps 'bove the bower.

The lake's sparkled after sleep,
So now one can see it's deep.

And a cricket shrilly trills
In the grass or in the dills.

How can one see in the dark
If that bird up is a lark?

All unshadowed shapes and frames
Do not want to have their names.

They still want to be for dreams:
Nothing can be seen—yet seen.

* * *

Módlmy się śród drzew
    Za zdeptany wrzos—
Za przelaną krew—
    Za zburzony los!
I za śmierć od kul,
    I od byle rdzy!
I za cudzy ból—
    I za własne łzy!

* * *

Let's pray 'mongst the trees
    For a trampled bloom,
For all blood spilt here,
    And for all those doomed!

For all deaths from wars.
    And from any rot!
And somebody's sores
    And tears of our lot!

* * *

Płomienny uśmiech nietrwałych zórz
(O, złoć się dłużej!)—umiera już.

I jeszcze jedna z różowych chmur
Skrajem dogasa na grzbiecie gór.

I jeden jeszcze przeżyty dzień
(O, złoć się dłużej!)—odchodzi w cień.

* * *

A flaming smile of flighty glows
(O, show gold longer!)—already goes.

And one more glow of crimsoned clouds,
Over the ridge, aside—burns out.

And one more day, a lived through day
(O, show gold longer!)—falls into shade.

[Coś tam mignęło dalekiego...]

Coś tam mignęło dalekiego
Wbrew niedalekiej wodzie—
Coś tam wezbrało rosistego
W ogrodzie—w ogrodzie!

Coś się spełniło skrzydlatego
Nad przynaglonym kwiatem!
Coś tam spłoszyło się bożego
Pomiędzy mną a światem!...

[Something flashed there far away...]

Something's flashed there far away,
Quite against this nearby water,
Something dewy has outlaid
In the orchard, in the orchard.

Something wingy has just sighed
Over an urged flower there,
Something godlike has just shied
Between me and all the world....

W czas zmartwychwstania

W czas zmartwychwstania Boża moc
Trafi na opór nagłych zdarzeń.
Nie wszystko stanie się w tę noc
Według niebieskich wyobrażeń.

Są takie gardła, których zew
Umilkł w mogile—bezpowrotnie.
Jest taka krew—przelana krew,
Której nie przelał nikt—dwukrotnie.

Jest takie próchno, co już dość
Zaznało zgrozy w swym konaniu!
Jest taka dumna w ziemi kość,
Co się sprzeciwi—zmartwychwstaniu!

I cóż, że surma w niebie gra,
By nowym bytem—świat odurzyć?
Nie każdy śmiech się zbudzić da!
Nie każda łza się da powtórzyć!

In Time of the Rising from the Dead

In time of the rising from the dead, God's might
Will chance on the hindrance of a rash occurrence.
Not everything's going to happen this night
According to plans and views of the heavens.

And there are such throats—those whose calls resound
Without voice in grave—they'll never recite.
And there is such blood—blood spilt on the ground,
Which nobody's spilt for a reason twice.

And there is such rot that has undergone
Enough trepidation from becoming dead!
And under the ground, so proud is a bone,
The one that will counter th' rising from the dead.

It cannot be helped, in heaven horns blare,
To amaze the world with quite new a life
It isn't possible to wake every stare
Nor can each of tears be reshed alike.

* * *

Po co tyle świec nade mną, tyle twarzy?
Ciału memu już nic złego się nie zdarzy.

Wszyscy stoją, a ja jeden tylko leżę—
Żal nieszczery, a umierać trzeba szczerze.

Leżę właśnie zapatrzony w wieńców liście,
Uroczyście—wiekuiście—osobiście.

Śmierć, co ścichła, znów zaczyna w głowie szumieć,
Lecz rozumiem, że nie trzeba nic rozumieć...

Tak mi ciężko zaznajamiać się z mogiłą,
Tak się nie chce być czymś innym, niż się było!

* * *

Why so many faces and candles—alight
Nothing worse can happen to my body's plight.

Everybody's standing only I'm lying—
Insincere sorrow but sincere dying.

I am lying staring at a leafy wreath—
Festively—forever—in the flesh—beneath.

Death that's fallen silent buzzes in my head,
I know I need nothing being here all dead....

It's hard to accustom to being a corpse,
Being something else than I was before!

Niewiara

Już nic nie widzę—zasypiam już
W ciszy i w grozie.
Znika mi słońce w załomach wzgórz.
Bóg znika—w brzozie...

Ginie mi z oczu umowny kwiat
W chwiejnej dolinie.
Gdzie się podziewa ten cały świat.
Gdy z oczu ginie?

Czy korzystając z tego, żem zwarł
Rzęsy na mgnienie
Znużony dreszczem i łzami czar
Znicestwia w cienie?

Czy wypoczywa od barw i złud
Popod snu bramą,
Wznosząc boleśnie w wieczność i w chłód
Twarz nie tę samą?

Nie, nie! Przy tobie jak dawniej trwa.
Śmiertelny, bujny!
Jest tu, gdzie zgroza, niewiara twa
I sen twój czujny!

Disbelief

I can see now nothing—I'm falling asleep
   In slilence, in terror.
The sun's disappearing in a mountain dip,
   As does God—in verdure....

And a likely flower is vanishing too
   In wavy ravines.
Where is all the world, hidden far from view,
   Already unseen?

Does it, by some luck I've closed my eyes,
   Promptly, in an instant,
All weary of shivers and sorrowful cries,
   Enshadow enchantment?

Or does it respite from colors, chimeras
   O'er the gate of sleeps,
Lift the different face—woefully, in tears—
   To eternal chills?...

No, no! Beside you, as whilom, it lasts—
   Deadly and green-filled!
It is here where dread is, desbelief that lasts—
   So does your light sleep!

Ubóstwo

Każde zmarło inaczej śmiercią strasznie własną!...
Ciało matki i ojca, i siostry, i brata....
Dziś rysy waszych twarzy w pamięci mi gasną,
Umieracie raz jeszcze śmiercią spoza świata.

Już nie umiem zobaczyć siostry mej uśmiechu,
I tego, jak konając, padła na podłogę...
Brat mglisty i niecały śni mi się w pośpiechu,
I głosu, którym mówił, przypomnieć nie mogę.

Pochowani w mogile mrą wciąż za mogiłą!
Widzę was na tle nieba, niby znaki wodne,
Takie inne, znikliwe, z przeszłością niezgodne,
Jakbym nigdy was nie miał—jakby was nie było!

Nic nie było! Nic nie ma! Miłowałem zmory!
Czciłem próżnie! Chcę łzami ocalić ból w sobie,
Więc płaczę, ja—na wiarę w potęgę łez chory!
Łzy się kończą! Mrze pamięć! Kres grozi żałobie!

Nocy, w przyszłość niebios wsrebrzona niemylnie,
Jeśli chcesz w piersi moje uderzyć mgłą ciemną,
Uderzaj bezlitośnie, uderzaj dość silnie,
Bom—człowiek! Zniosę wszystko! Pomocuj się ze mną!

Kto potrafi żal dłońmi tak tłumić obiema!
Kto zdoła, gdy mu z oczu nicość jawę zmiecie,
Tak nic nie mieć, naprawdę nic nie mieć na świecie,
Jak człowiek, co nic nie ma, naprawdę nic nie ma!

Bereavement

They all died differently of their own death each:
Mother's flesh and father's, sister's, brother's flesh.
Your faces fade out, my memories bleach,
Once again you're dying of afterlife death.

I cannot descry my sister's warm smile,
Nor how did, when dying, she fall to the floor....
Brother's incomplete, dreamed only awhile,
His voice is so distant, I hear it no more.

Buried in the graves, they die beyond graves.
As if watermarks, you are on the sky,
Vanishing, so different than on yester days,
As if you were never with me, never by!

Naught was! Nothing is! I just loved some wraiths,
I worshiped the voids! I want to save soreness
In me, so I'm crying, faithful to tears' sway.
Tears end! Memories die! Threatened is the mourning!

Night, you silvered into the skies' future firmly.
If you want to strike my chest with black mists,
Strike me without mercy, strike me fairly firmly,
I, man, will bear all—with me—get to grips!

With his own both hands, who can smother sorrow!
Who can, when the void has blown his existence,
Have nothing on earth, nothing in this instance
As man who has nothing today and tomorrow!

Trupięgi

Kiedy nędzarz umiera, a śmierć swoje proso
Sypie mu na przynętę, by w trumnę szedł boso,
Rodzina z swej ofiarnej rozpaczy korzysta,
By go obuć na wieczność, bo zbyt jest ciernista -
I grosz trwoniąc ostatni dla nóg niedołęgi,
Zdobywa buty z łyka, tak zwane trupięgi.
A gdy już go wystroi w te zbytki żebracze,
Wówczas dopiero widzi, że nędzarz—i płacze!

Ja—poeta, co z nędzy chciałem się wymigać,
Aby śpiewać bez troski i wieczność rozstrzygać,
Gdy mnie w noc okradziono, drwię z ziemskiej mitręgi,
Bo wiem, że tam—w zaświatach mam swoje trupięgi!
Dar kochanki czy wrogów chytra zapomoga?
Wszystko jedno! W trupięgach pobiegnę do Boga!
I będę się chełpliwie przechadzał w zaświecie,
Właśnie tam i z powrotem po obłoków grzbiecie,
I raz jeszcze—i nieraz—do trzeciego razu,
Nie szczędząc oczom Boga moich stóp pokazu!
A jeśli Bóg, cudaczną urażony pychą,
Wzgardzi mną, jak nicością, obutą zbyt licho,
Ja - gniewny, nim się duch mój z prochem utożsami,
Będę tupał na Niego tymi trupięgami!

Mortsocks

When a pauper is dying, death lures him with wheat
Till he enters the coffin without shoes on feet.
His family, drawing on unsparing despair,
Want to shoe him for ever as it's thorny there.
Paying out their last penny for the dullard's feet,
They acquire two mortsocks—bast shoes—strong and neat.
When at last he's dressed up in this beggard splurge,
They all see he's a pauper, and they moan and dirge.

I'm a poet who wanted to escape from poorness,
And to blithely sing ballads, to influence allness,
Though I've been robbed tonight, I mock earthly life,
For I've got my new mortsocks in this afterlife,
Was I shod by my lover, or by sly foes—shod
I don't care! In my mortsocks I shall run to God!
And moreover, hereafter I shall take a stroll
On the backs of the clouds, here—there, to and fro.
And once more, not just once, but three times at least—
I'll be lavish of showing God's eyes my feet's feast!
If my eerie pride, though, to the quick, hurts God,
And He spurns me like nothing—too shoddily shod—
Till my soul rots, enraged, I will Godward stamp
With these mortsocks of mine, on a coffin plank!

Dwaj Macieje

Drogiemu przyjacielowi, Franciszkowi Fiszerowi,
z pełnym wzruszenia uznaniem
dla smutnych i wesołych cudów
Jego cygańskiego żywota
i ze szczerym zachwytem
dla Jego wiecznie młodych uniesień
i pomysłów metafizycznych.

Pleć, pleciugo!—Na wzgórza południowym grzeju
Siedział razu pewnego—Maciej przy Macieju.
Do pierwszego Macieja rzekł ten drugi Maciej:
"Coraz w niebie—wiosenniej, a w polu—pstrokaciej.
Lada parów potrafi, śniąc, Kwiatami zaróść!
A my—co? Do wieczności mizdrząca się starość?
Wstyd mi z siana, gdy słońce złotą igra zmrużką,
Z przedwczesną i zuchwałą pieszczoty pogróżką
Zerwać się do dziewczyny, jak gęś, co spod płotu
Zrywa się z wielkim krzykiem do niskiego lotu!...
Wstyd mi pysk—modrym oczom przysunąć do widna,
Bo te oczy—śmieszliwe, a dziewka—bezwstydna!
Byle durniom zejść z drogi miałbym bezrozumnie?
Zamiast z dziewką—na sianie, bez dziewki spać w trumnie?
Dość mam śmierci co siłkiem po ziemi sie szasta!
Nie chcę umrzeć—i kwita! Chcę potrwać—i basta!"

Do drugiego Macieja pierwszy Maciej rzecze:
"Hamuj się, niecierpliwy na wiosnę człowiecze!
Ma łeb dzielny—wieczorem, kto go miewał—w zarań—
Tak, jak ja—corn nie szczędził mym zadumom starań...
Wiem, co wiem! W kniejach leśnych, w przepaściach paprotnych
Mieszka Czmur wpośród czarów dzikich i samotnych—
I nic—tylko pilnuje zaklętego ziela,
Które nieśmiertelności—gdy je zjesz—udziela.
Nie dopuszcza nikogo—podstępny i silny,
A pięść ma tak skuteczną, jak ten głaz mogilny!..."

Two Matthews

To my dear friend, Franciszek Fiszer,
with emotional recognition
of this bohemian life's
both dreary and merry marvels,
and with my sincere admiration
for his ever-young raptures
and metaphysical ideas.

Babble, babbler, blab! On a sunward mound,
Once Matthew with Matthew sat down on the ground.
Matthew number two said to Matthew one:
"The sky's rife with spring, it's motley around.
Any dreaming dell is covered in blooth,
And, we? Old age wooing everlasting youth?
I envy the sun its through-eyelash-glow
Auguring caresses—untimely and bold.
I'm ashamed of jumping through the sun-squeezed eyelids,
With kisses and strokes—daring and untimely,
To run to a maiden like a goose that flies
Promptly, off the ground, flying low, with cries!...
I'm ashamed of nearing this specter's blue eyes
As these eyes are jolly, and the wench—unshy.
I'm fed up with death that gambles on lives!
I don't want to die—just want to survive!

And then Matthew one says to Matthew two:
"In spring, watch your temper, quick-tempered are you!"
A brave man at dusk, will be brave at dawn—
As I who was trying to muse on and on....
I know! In the forest, in the ferny crack,
Amid downright magic resides warlock Drak.
He does naught but guards the enchanted bloom,
Which makes you immortal when fully consumed.
He keeps each one out, he's foxy and fierce,
His fist is as firm as burial birch biers!

Do pierwszego Macieja drugi Maciej prawi:
"Mam i ja—pięść, co z wrogiem niedługo się bawi...
Pódźwa z Czmurem się zmierzyć! Ty—w ślad, ja—na czele.
Przymarnimy go nieco—i odbierzem ziele."

I poszli—A szli w poprzek—i w przód i ukosem,
Już zawczasu się srożąc pod gołym niebiosem,
Jak mówią w tym powiecie, gdzie mimo zwyczaju
Niebo jest—Bóg wie czemu—męskiego rodzaju.
Po obałkach—po pniakach—po jarach—szli, skacząc
I Czmurowi zaocznie i trafnie sobacząc!

Słońce, przez żyłkowane przeświecając liście,
Na sękach się rozpryska—różnie i ździebliście—
I światłem obszerniejąc, rozprasza się po to,
By na trawę ruchliwą nawiać—nic i złoto.

Gil na dęba wierzchołku tak odległe śpiewa,
Że czuć w śpiewie wysokość szumiącego drzewa,
A w jarach, skąd się zieleń wynurza, jak z wora,
Po wczorajszej ulewie—woda, przez sen chora
Na blady niedorozwój srebra w swej głębinie,
Mętem przeciw własnemu usrebrnieniu płynie.

Skoro Czmur dwóch Maciejów zaoczył z daleka—
Czarami się najeżył—i nieludzko czeka...
Idą.—Już się zbliżyli.—Czmur w słońcu się biesi—
Gębę do nich wykrzywia: "A wy tu—skądesi?"—
Rzekł Maciej: "Z niedaleczka... Chcemy jestku—pitku
Z tego ziela, coś w lesie skrył je bez użytku.
Znamy twą tajemnicę strasznie zieleniatą!
Wyłaź, tchórzu, zza czarów! Wyłaź!"—A Czmur na to:
"Precz stąd, śmiecie pyskate! Znam podniebia wasze!
Na baśń leśną dybiecie, jak bawół na paszę!
Czym dla was nieśmiertelność? Rodzajem—jarzyny!
Wara psiarni człowieczej od bytów przyczyny!"

Matthew number two prates to Matthew one:
"I have my fists too, any foe—outdone!
Let's ward off the warlock! You go after me,
We'll benim the bloom, Drak shall be bemeaned.

And they go across, forwards and bendwise,
Tense ahead their muscles under open skies,
As they would say here, despite common sense,
The clouds, Heaven knows, are called laying hens.
In ravines, on stumps, they hop on their limbs,
They damn Drak off-eye, aptly cursing him.

The sunshine shows veinlets when it leaks through leaves,
And splashes on knars, into sparkles—cleaves.
Enlarging its shining, it tears up brocades
To thread gold and nothing onto grassy blades.

Afar, on a treetop, a finch chirps and tweets—
It's easy to feel the height of the tree.
In the glens where verdure bobs up, heaves and creeps,
After yester downpour, shaken out of sleep,
Undersilvered water, with gray clouds of silt,
To spite itself, flows into rifts and slits.

As Drak eyes both Matthews afar, by himself—
He skulks on, unmanlike, and bristles with spells....
And they both get closer, Drak rants in the sun,
Scowling at them, says, "From whence have you come?"
Matthew says: "From—nearness. We want to consume
Pabulum and brew—from the magic bloom.
We know well your secret—this flowery brew!
Leave, dastard, your spells!" And Drak says: "Hey, you,
Begone, loud-mouthed trash! Known your palate's need!
You want forest stories as an ox his feed!
What's for you deathlessness? Just some kind of blooth!
Away, mortal rabble from eternal truth!

Trącił Maciej Macieja: "Lży, bestia nieczysta!
Pierwszy przemów do zmory, boś lepszy mówista..."
Sięgnął Maciej po słowo, co wszystek gniew zmieści!
"Ty, psiaparo—psiawełno—psianogo—psiatreści!
Czemu Ślepie wytrzeszczasz, mgliste od wyłudy!
Małpo z tamtego świata! Pomroko z psiej budy!
Nie pyskuj śród listowia! Stłum w lesie—bezczelność!
Nie skąp ziela, judaszu! Oddaj nieśmiertelność!"—

I to mówiąc, podźwignął pięść, na kształt maczugi,
A tuż obok do boju zawrzał Maciej drugi.
Czmur z ziemi wyrwał buczek, pełen jeszcze cienia,
I łby obu Maciejom zmacał od niechcenia.
Coś z lekka we łbach trzasło, lecz nic się nie stało.
Snadź łbów było—za dużo, a buczka—za mało.
Obaj do gęby Czmura rozmach wzięli szerszy—
Cios zadał Maciej drugi, a w ślad—Maciej pierwszy.
Czmur rozwarł pysk drapieżny zwyczajem potwora,
Aż odsłonił krtań krwistą—kły—i zwój jęzora.

Splunął Maciej, jęzora zgorszony straszydłem,
I gębę w czas potłumił pięścią, jak gasidłem.
Jęknął Czmur w nieskończoność, truchlejąc haniebnie
Przed nawałą Maciejów zbyt groźną liczebnie!
Cztery pięście go tłukły, nie wiadomo—która!
Coraz to inny Maciej nacierał na Czmura!
A czynili ciał dwojgiem taki zgiełk i ścistek,
Że zlękły brakiem miejsca—las dygotał wszystek!
Próżno Czmur się do nieba zrywał, jak zawieja—
Gdziekolwiek się obrócił—tam spotkał Macieja!
Przed nadmiarem Maciejów gdzie szukać obrony?
Tu—Maciej i tam—Maciej! Maciej—z każdej strony!
Ten go chwyta za grdykę, a tamten—za łystę.
Czmur nagli do ucieczki swe nogi bieżyste.
Już szkarłatną rządź bytu wyplunął na jary.
I zmalał—i sprzyziemniał, jak właśnie kret szary.
Lecz—gdy w oczach mu leśna pomętniała knieja,

Matthew nudges Matthew: "taunts us, monstrous trunk
You first tell the bogey, you've a glibber tongue..."
Matthew finds the word that holds all his ire:
"You, rogue, rascal, wretch, wastrel, loon and liar.
Stop goggling at us, your eyes—blurred with fog,
Otherworldly monkey! A shade of a dog!
Don't bawl 'midst the leafage! In the woods, don't lie!
Don't stint on the bloom! Give eternal life!"

And he lifts his fist—like a breakneck mace,
And the other Matthew just makes a fierce face.
Drak pulls out an oak—still full of its shade,
He, both Matthews' heads, offhand, does abrade.
Their heads creak inside, but there is no wound.
Plainly, heads—too many, and oak-trees too few.
They both swing their hands for knocking Drak down,
First hits Matthew two, then hits Matthew one.
Drak unshuts his mouth, his jaws are unclung,
Bares his blood-red throat, two fangs, and rolled tongue.

Matthew spits, repulsed by Drak's off-mouth horror,
Fists the monster's phiz as with a rock borer.
Drak groans to the allness fearfully appalled!
By both Matthews' foray—outnumbered, withal!
The four fists beat Drak, no one knows—which limb!
Each time either Matthew charges fast at him!
Their two bodies make so much brawl and bawl
That the forest trembles and becomes too small.
Skywards like a squall, Drak strives to squeeze through,
Wherever he turns—Matthew is in view!
Here—too many Matthews, so where can he hide?
Matthew—here, and—there! Matthew at each side!
One grabs by his throat, the other—his knee.
Drak does urge his legs, now ready to flee,
T'wards the dells, he spits his life's crimson dole,
And shrinks, all earthed-down like a grayish mole.
But when all the forest grows blurred in his eyes,

A Macieja odróżnić nie mógł od Macieja—
Zaklął siebie słów mgliskiem—i tak zaczął znikać,
By ciałem do niebytu, znikając, nawykać...
Trudno stwierdzić, czy umarł, czy wpełzł na kształt gadu
W nicość, pełną kryjówek... Dość, że znikł bez śladu.
Znikł do cna i do ista, jakby go nie było—
Tylko w słońcu zapachło—miętą i mogiłą...
Ptak zaćwierkał z gałęzi na zniknione ciało,
I coś w lesie raz jeszcze, niechcąc, poleśniało...

Rzekł Maciej do Macieja: "Umknął, zmór podrzutek!
A my ziela szukajmy! Czas nagli i smutek!"
Jęli szukać w parowie—łapczywie i żwawo.
Poszperali—na lewo, znaleźli—na prawo.
Miało barwy znikliwej posenną przynętę,
A poznali je po tym, że było—zaklęte.
Daremnie próbowali gryźć ziele i łykać—
Nie chciały im się szczęki zmiażdżone domykać...
Czmur za życia posiadał jakie takie siły,
Bo cielska Maciejowe od ran się roiły.

Do pierwszego Macieja rzecze Maciej wtóry:
"Tak się kości gną we mnie, jak te obce wióry.
W tym, że Czmur nas nadpsował—nie ma jeszcze sromu.
Czas duszom—do pokuty... Czas ciałom—do domu...
Lubię księżyc—na strychu, a słońce—w altanie,
Ale lubię najbardziej—siebie wzdłuż na sianie!...
Ty poleżysz ustronnie—i ja też poleżę.
Odzyskamy sił krztynę, szepcząc pacierze,
Grzeszną duszę do Boga nastroim, jak skrzypkę,
A ziele spożyjemy z mlekiem na przechlipkę."

I tak gwarząc, szli do dom—tam, gdzie dal i droga,
I na skręcie spotkali twarz w twarz—Płaczyboga.
Miał Płaczybóg źrenice—dalami posnute,
A w źrenicach na przemian—zadumę i smutę.
Trącił Maciej Macieja: "Chwila uroczysta!

As twins, he sees Matthews and sees Matthews twice,
Casts spells on himself and starts to disperse
Into non-existence with his flesh at first.
Maybe he has died, maybe, without traces,
Snaked into the void full of hiding places.
He's entirely vanished as if he were not,
Only all the air smels of mint and rot....
A skylark has warbled t'wards that vanished flesh,
Something in the forest still forests itself....

Matthew says to Matthew: "Fled—changeling of hags!
Let's look for the bloom, leave woes! Let's not drag!"
With great zest and zeal, they search through the grike,
They seek—on the left, spot it—on the right.
After-dreamy, dwindling is its luring hue,
And all its enchantment is here in full view.
And they vainly try to chew it and gulp
As their jaws can't close after they've been pulped....
Alive, Drak was brawny, so strong and so rugged
That both Matthews' bodies—full of wounds and blood.

Mathew number one says to Matthew two:
"All my bones are bending like those leafy shoots.
Yes, Drak did bebump us—but that's not disgrace.
Our souls should shrive, flesh—go home apace,
To the moonlit loft and the sunlit bay,
Most of all, I like to lie on the hay.
You will lie in hiding and I will lie there,
We'll get better slightly, whispering a prayer,
We'll tune—sinful souls Godwards like a viola,
Eat the bloom with milk for an easy swallow."

Babbling on the way, they go home apace,
On the bend, they meet Crygod face to face.
Crygod has his eyes woven from far plains,
And in them, in turns, he had glees and pains.
Matthew elbows Matthew: "It's the time of joys!

Pierwszy przemów do Boga, boś lepszy mówista."—
Rzekł Maciej: "Płaczyboże, co płaczesz uboczem—
Chcę ci mówić o wszystkim, ino nie wiem—o czem!
Pochwalona ta z tobą znajomość bezkresna.
W lesie—nasze spotkanie. Dziej się—wola leśna!
To powiadam po pierwsze.—A mówię po wtóre:
Dziej się człowiek, idący w bezmiary niektóre!
Nie zbraknie Bogu strawy (to mówię—po trzecie!)—
Dopóki jeden Maciej trwa jeszcze na świecie!"
I z zanadrza, jak z hojnej wyciągnął skarbony
Ziele—i Płaczybogu podał zamyślony.

"Weź to ziele na wszelki w niebiosach przypadek,
Jako po dwóch Maciejach niepodzielny spadek.
Wiem, że cierpisz niekiedy—i ja czasem cierpię.
A nuż się nieśmiertelność w niebiosach wyczerpie!
Chociaż trwoga to—płonna, lecz myśl niebezwiedna:
Pewniejsze dwie wieczności, niźli wieczność—jedna.
Dość Ci, Boże, źdźbło małe tego ziela spożyć,
By do drugiej wieczności bez uszczerbku dożyć.
Kto zasłużył na ziele—niech się nim odświeży.
Bogu się nieśmiertelność—nam się Bóg należy,
Włącz ten dar, Płaczyboże, do Twych w niebie dziejów
I od czasu do czasu wspomnij dwóch Maciejów!"

Wziął Płaczybóg podarek z tym bożym uśmiechem,
Co sprawił, że las z większym zieleniał pośpiechem,
I rzekł: "Dar to—nie lada, i skarb—nie drobnota—
I pewne przedłużenie wiecznego żywota!
Czymże was wynagrodzę—jaką z nieba chwałą
Za to, co się w tej chwili we wszechświecie stało!
Nic nigdzie nie posiadam, sam jestem—samiustek
Wpośród ziemskiej niedoli i zaziemskich pustek.
Trzeba w płacz mój na ślepo, z całych sił uwierzyć,
By chcieć ze mną żyć razem alboj razem—nie żyć.
Na krańcach mego płaczu będę na was czekał.
Nie zwlekajcie zbyt długo. Ja—nie będę zwlekał..."

You first talk to God, you've a better voice."
"Crygod, crying sidely," Matthew now speaks out,
"I will tell thee allthing, but I do know nowt.
Praised be this encounter beyond space and times
We've met in the forest—be the will of pines!
I have said that firstly—secondly, I say:
"Mortal man, live on, going far away!
God shall not be hungry (thirdly, I say this!)
As long as at least—one Matthew exists."
He takes out the bloom, being deep in thought,
And gives it to Crygod—elsewise, he cannot.

"Take this bloom to heaven—just in case, up there,
As a gift from Matthews to Thee, only heir.
I know Thou, like me, hast sometimes Thy aches
What if Thy deathlessness dieth out without trace?
Though this fear is futile, the thoughts are unshunned:
Two eternal lives are better than one.
If Thou eat this bloom, it shall quite well serve
Till Thy next deathlessness—scathelessly—with verve.
We do not deserve this wort's strength and taste.
For God—endless life, for us—Godly Grace.
Crygod, add this gift to Thy heaven's goods,
And sometimes remember Matthews from the woods!"

Crygod takes the gift. With this godly gleam,
That makes all the trees even more begreened.
He says: "This bloom is—a gem, not a trifle!
And the sure prolonging of eternal life!
How can I requite—with what heaven's praise—
For what has just happened in the universe?
I have nothing—nowhere, I'm lonely, alone
'Twixt this cosmic void and all-earthly woe.
You have to believe blindly in my cry
If you want to live with me or—to die.
I will wait for you there where ends my cry.
Don't delay too long—I will be nearby..."

I odszedł w sen za snami, by z tym zielem w dłoni
Zniknąć w jednej i w drugiej niebiosów ustroni.

Rzekł Maciej do Macieja: "Z ran moich niemało
Podczas rozmowy z Bogiem krwi się w świat przelało."
I na nogach się zachwiał i bardzo niezgrabny
Na trawę się wywrócił bokiem, jak wóz drabny.
Drugi Maciej na ból swój boczył się i srożył,
Lecz—by ciału dogodzić—obok się ułożył.
Rzekł jeden: "Czemuś taki srebrniasty na licu,
Jakbyś gębę przed chwilą wytarzał w księżycu?"
Drugi na to: "Już do snu nicość mnie kołycha.
Wiem, co we mnie cierpiało—nie wiem, co nacicha...
"Brak mi ziela... Ha, trudno! niech Bóg się posili—
Bardzo by się przydało i nam w takiej chwili"
Naówczas do Macieja rzekł Maciej: "Macieju!
Tak mi dobrze w mym bólu, jak w samym Betleju...
Pragnę tylko ostatnich ku niebu przesileń,
By zrzucić ciała mego uciążliwą wyleń—
A zrzucając—nie jęknę ani się zasmucę.
Odwróć łeb byś nie widział, czym będę, gdy zrzucę..."

Chciał się właśnie odwrócić Maciej od Macieja,
Ale go zamroczyła wielka beznadzieja!
A już śmierć się zbliżyła, by ich snem utrudzić.
Nie wiedziała, którego ma najpierw wystudzić.
Świat im w oczach zanikał... Nastały złe dreszcze.
I już świata nie było, a trwali gdzieś jeszcze...
Rzekł jeden: "Noc nadchodzi!"—a drugi rzekł: "Dnieje!"—
Tak zmarli jednocześnie obydwaj Macieje.

And He leaves for dreams with that bloom impalmed,
And He fades away in His heaven's calm.

Matthew says to Matthew: "All my garb's engored,
While talking to God, my blood bled and poured."
He loses his balance, clumsily—falls down
Like a wagon load, sideways to the ground.
The other of Matthews fumes at his distress.
And, to soothe his pain, he lies down abreast.
One of Matthews says: "Your face—silver-strewn
As if rolled about on the very moon."
The other: "the void now lulls me to sleep.
I do know what hurts me, I don't—what makes weak...
I don't have the bloom...Ah! God has that plant.
Let Him eat it up, though—in need—we can't."
Then again says Matthew to Matthew: "I am
In a blissful pain like in Bethlehem...
I only desire the last skyward breath
To slough off my useless and ill-fitting flesh,
And sloughing it off, I won't moan nor huff,
Take your eyes off me not to see me slough...."

And then Matthew wants to—turn his trunk away,
But he can't, befuddled by untold dismay.
And now Death is coming to put them to sleep,
But he doesn't know who first should be reaped.
Chills befall...the world—fades out in their eyes,
The world is no more, somewhere each survives....
The one says,"night falls," the other—"It days."
Together, that way, Matthews passed away.

From *The Sylvan Befallings*
(*Dziejba leśna*, 1938)

[Ciało me, wklęte w korowód istnienia...]

Ciało me, wklęte w korowód istnienia,
Wzruszone słońcem od stóp aż do głów,
Zna ruchy dziwne i znieruchomienia,
Które zeń w śpiewie przechodzą do słów.

Zna pląsy gwiezdne, wszechświatów taneczność
I wir i turkot rozszalałych jazd—
Pieśnią jest życie i pieśnią jest wieczność
W takt mego serca i nie moich gwiazd!

Gdy wieczór na noc do snu się układa,
Zmierzchami tłumiąc purpurowy żal,
Bóg, niby z nieba strącona kaskada,
W pierś mą uderza i rozdzwania w dal...

I drgają w piersi rozdzwonione losy,
Bije do głowy rozśpiewana krew,
I pieśnią całe ogarniam niebiosy,
I ziemię całą widzę poprzez śpiew!

Ciało me, wklęte w korowód istnienia,
Wzruszone słońcem od stóp aż do głów,
Zna ruchy dziwne i znieruchomienia,
Które zeń w śpiewie przechodzą do słów.

[My body, accursed to a life procession...]

My body, accursed to a life procession,
Down from head to toe, is stirred by the sun;
It knows bizarre motions and thorough cessations,
Which turn into words when they're being sung.

It knows starry sways, universes' flair
For dancing, the roar of their raging stirs—
A life is a song, so is the forever
In rhythm with my heartbeat, albeit—not my stars.

When twilight lies down to its sleep at night
Using dusks to smother its all crimson grievance
God, as if a gush knocked straight off the skies
Strikes my chest and rings around into distance.

And ringing destinies tremble in my chest
All-singing blood rushes to my head—astir,
And all heavens are, with this song embraced,
And thanks to this song, I see all the Earth!

My body, accursed to a life procession,
Down from head to toe, is stirred by the sun;
It knows bizarre motions and thorough cessations
Which turn into words when they're being sung.

* * *

Com uczynił, żeś nagle pobladła?
Com zaszeptał, żeś wszystko odgadła?
Jakże milcząc poglądasz na drogę!
Kochać ciebie nie mogę, nie mogę!
Wieczór słońca zdmuchuje roznietę.
Nie te usta i oczy już nie te...
Drzewa szumią i szumią nad nami
Gałęziami, gałęziami, gałęziami!

Ten ci jestem, co idzie doliną
Z inną - Bogu wiadomą dziewczyną,
A ty idziesz w ślad za mną bez wiary
W łez potęgę i w oczu swych czary—
Idziesz chwiejna, jak cień, co się tuła—
Wynędzniała, na ból swój nieczuła—
Pylną drogę zamiatasz przed nami
Warkoczami, warkoczami, warkoczami!

* * *

Whate'er have I done you pale in a blink?
Whate'er have I whispered you know what I think?
How, being so still, you're watching the way?
I cannot love you, this love's gone away!
The dusk's blowing out the sun's kindled flames.
These lips—not the same, these eyes—not the same....
Trees are swooshing here, these trees above us
With their twigs, their twigs, their twigs—ever thus.

Here I am this one—walking the ravine,
With the other girl—only by God—seen,
And you follow me without any faith
T'wards charms of your eyes, under your tears' sway,
You're shambling along as shadows that traipse,
Enfeebled by grief, you don't feel your aches....
You're sweeping the road, the road before us
With your braids, your braids, your braids—ever thus.

*　*　*

Puściła po stole swawolący wianek.
„Kto go chwyci pierwszy—ten mój kochanek!"

Pochwycił tak ściśle, aż się kwiaty zwarły.
„Skąd ty jesteś rodem?"—„Ja rodem—umarły!"

„Co się stało wokół, że świat mi się mroczy?"—
„To ja własnoręcznie zamykam ci oczy..."

„Już mnie nigdzie nie ma i nigdzie nie będzie!"—
„Nie ma ciebie nigdzie, bo już jesteś wszędzie".

'Pon the plank, she'th nimbly let her chaplet go.
"He who'll catch it first shall become my beau!"

He hath seized it tight, the wreath's blooth is squeezed.
"What is thy descent?"—"I am the deceased!"

"What hath here occurred? All hath turned unlight!"—
"It is I, myself—who now close thine eyes...."

"I'm already nowhere, and I shall be nowhere!"—
"Thou art in sooth nowhere since thou art now allwhere."

[Skrzeble biegną, skrzeble...]

Skrzeble biegną, skrzeble przez lasy, przez błonie,
Drapieżne żywczyki, upiorne gryzonie!
Biegną szumnie, tłumnie powikłaną zgrają,
A nie żyją nigdy, tylko umierają—
Umierają, skomląc, szereg za szeregiem.
Śmierć jest dla nich właśnie tym po lasach biegiem,
Śmierć jest dla nich pędem w niepochwytne cienie—
Biegną tylko po to, aby śnić istnienie.
Świat im śni się w biegu—daleki i bliski,
Śnią się własne ślepie, śnią się własne pyski,
Śni się im, że mogą kąsać jadowicie—
Węszą przez sen moje i to twoje życie,
A ten sen łakomy wystarcza im prawie—
Kogo gryzą we śnie, ginie ten na jawie—
Gryzą we śnie boga, co sen stworzyć umiał,
A ów dąb umiera, co dla niego szumiał.

[Packs of shervils run...]

Packs of shervils run through the woods and lowlands,
Those voracious sprysters, those uneartly rodents!
They run in flocks swishing, in battle array,
Never do they live, only pass away,
Whimpering, they die one by one at ease.
It is death that makes them run amongst the trees
It's death that's to them—shadows' rush—by instinct,
They dash to dream only 'bout their own existing,
They dream 'bout the world—close and far away,
They dream 'bout their snouts, bulbous eyes in gray,
They dream they can poison with stings of their teeth,
They sniff our lives while we are asleep,
And their greedy sleep can almost suffice—
Whom they bite in sleep while awake, he dies.
They bite God in sleep, sleep–by Him–devised
This oak-tree, His swoosher, has already died.

Tango

Ogień nasturcji—w ślepiach kota.
Mgły czujnej wokół ciał zabiegi.
Łódź, co odpływa w nic—ze złota!
Żal—i liliowe brzegi.

Suńmy się ruchem dwóch gondoli,
Nie patrząc w lśniące dno podświatów –
Niepokojeni z własnej woli
Tajemną wiedzą kwiatów.

W zwierciadłach—świateł piętrowanie,
A w szybach—zmrok posępny—
I nieustanne zanurzanie
Stopy w ten dźwięk następny...

A dźwięki, z tańcem snując zmowę,
Mgławieją—byle mgławieć.
Tango bezwiednie purpurowe
Zaczyna—niechcąc błękitnawieć...

Stopę co szuka mgły wygodnej,
Ostatni dźwięk wyminął—
I niezużyty—i swobodny
Chce ginąć... I już zginął.

Tango

A larkspur's flames—in cat-like eyes.
A watchful mist surrounds the bodies.
A boat of gold has gone from sight
Voidwards! Regret and lilac borders.

Let's glide with ease like two gondolets,
Not seeing the gleaming floors of gloom,
And none of us feels forced to fret
About the mysteries of bloom.

In the mirrors—lights spryly prance,
In the windows—a murky dusk,
Without a break, all sounds advance,
Surround the feet, and thrust....

The sounds, conspiring with the dance,
Bemist themselves just for mist's sake.
This tango—someways—a purple trance—
Begins—unwares—to azure-ate....

The latest sound has just passed by
The foot that seeks a cozy mist ,
And quite unused—and quite at ease—
It wants to die—It has just died.

* * *

Mrok na schodach. Pustka w domu
Nie pomoże nikt nikomu.
Ślady twoje śnieg zaprószył,
Żal się w śniegu zawieruszył.

Trzeba teraz w śnieg uwierzyć
I tym śniegiem się ośnieżyć—
I ocienić się tym cieniem
I pomilczeć tym milczeniem.

* * *

The stairway—in darkness. Home's unoccupied,
And no one will help, no one will stand by.
Your footsteps entirely are covered with snow,
In which—through and through—regret does ungo.

So I need believe in this snowy spell,
And with all this snow, to besnow myself,
And to shade myself with this sycamore
And, thanks to this silence, I needn't speak more.

[Boże, pełen w niebie chwały...]

Boże, pełen w niebie chwały,
A na krzyżu—pomarniały—
Gdzieś się skrywał i gdzieś bywał,
Żem Cię nigdy nie widywał?

Wiem, iż w moich klęsk czeluści
Moc mnie Twoja nie opuści!
Czyli razem trwamy dzielnie,
Czy też każdy z nas oddzielnie.

Mów, co czynisz w tej godzinie,
Kiedy dusza moja ginie?
Czy łzę ronisz potajemną,
Czy też giniesz razem ze mną?

[Lord in Heaven, full of glory...]

Lord in Heaven, full of glory,
On the cross, tortured to death
Lord, where hast Thou hidden out
That I've never sensed Thy breath?

In my plight's abyss, Thy might
Wilt watch over me, I know!
So we stay together bravely,
Or apart—each hath to go.

Lord, what dost Thou at this hour
While I do become unbeen
Dost Thou shed a secret tear,
Or Thou also dy'st with me.

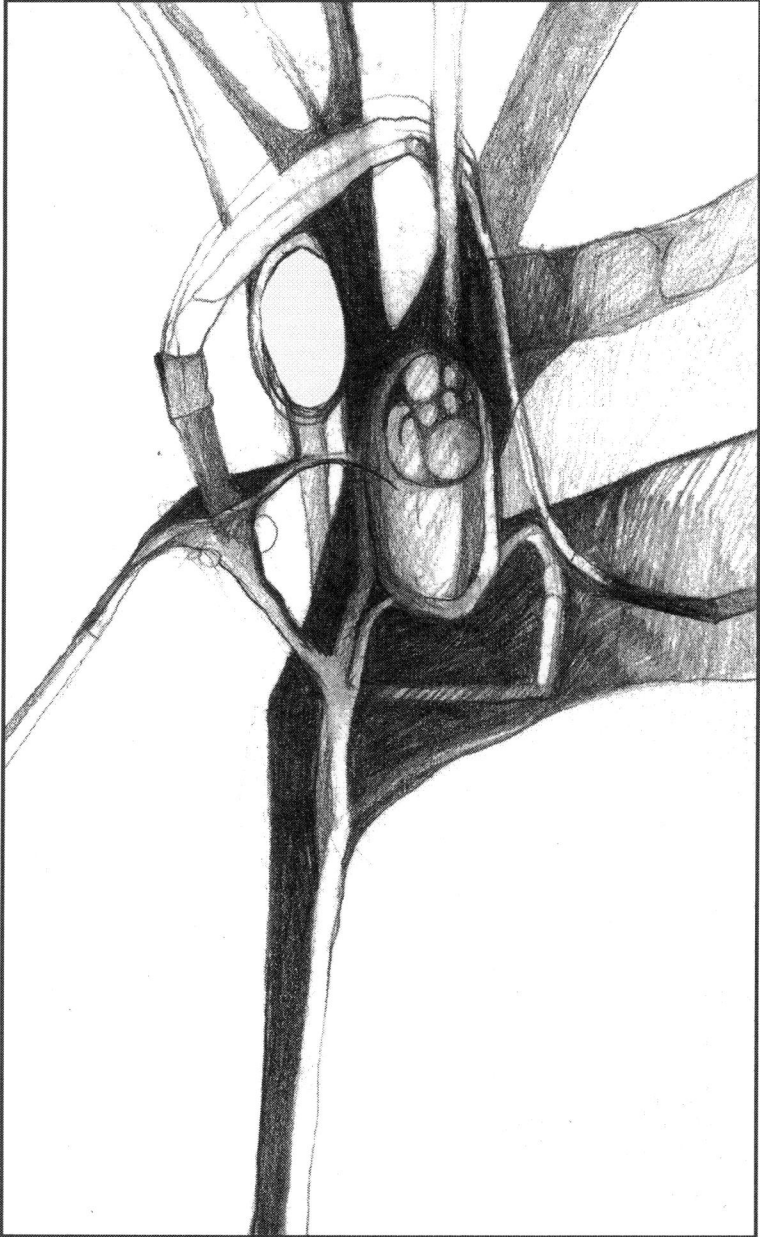

From the Scattered Poems
(1902-1934)

[Tę siną gwiazdę, co zna się z jeziorem...]

Tę siną gwiazdę, co zna się z jeziorem,
Różowią zorzy niedogasłej dreszcze—
Niby noc w niebie—a pachnie wieczorem...
Nie wiem, czy noc już, czyli wieczór jeszcze...

Tej sinej gwiazdy nie dostrzegam prawie,
Nad tym jeziorem duch mój w krzach szeleszcze,
Pół jestem we śnie, pół tylko na jawie—
Nie wiem, czy śmierć to, czyli życie jeszcze...

Nie budź mi duszy ust swoich zarzewiem,
Oto cię we śnie nie widzę, nie pieszczę!...
Śmierć to czy życie? I pytam, i nie wiem,
Czy już nie kocham, czyli kocham jeszcze...

[Not fully unshone shivers of the glow...]

Not fully unshone shivers of the glow
Gild that bluish star which blues on the mere—
It's like night though smelling of eve, I don't know
If night has just fallen or eve is still here.

Hardly can I see that bluish star gleam,
My soul susurrates in the by-mere sprigs.
I am half awake, and half—in a dream.
Has there death come yet, or does life persist?

Do not wake my soul with your lips' live coal!
My dream's without you, kisses—unfulfilled....
Is it death or life? I ask, I don't know
If I love no more or maybe—love still.

[Szumią ptaków loty...]

Szumią ptaków loty.
Łąk szeleszczą runa,
W słońcu—pożar złoty,
A na rzece—łuna.

Co za wonność płynie!
Co za cisza w niebie!
Nie płacz—świat nie zginie,
Gdy mu zbraknie ciebie...

[High there whoosh the wings of birds...]

High there whoosh the wings of birds,
Meadows' herbs and grasses sigh,
Sunny circle brightly burns,
Gilt's the river passing by.

What aromas outpour here!
So much silence—in the blue!
Cry not—earth won't disappear
When—on earth—no more—are you....

Dziwożona

Co sto lat tu zlata ptaszek,
Złoty ptaszek, Gregoraszek,
Puka w dąb: niech w dębu szparze
Dziwożona się pokaże!

Stuk, puk! z dziupła wypłoszona,
W świat wybiega Dziwożona,
O, już tańczy zwijanego.
Gonionego, wyrwanego.

Leśnej bajce dając wątek.
Pośród modrych tańczy łątek,
Gra jej ciepła trzcin muzyka,
O, ucieka już, już znika.

Pobiegnijmy za nią w ślady,
Na wywiady, na wybady,
Zanim dąb się zamknie za nią,
Za tańczącą Złotopanią!

Bo ptak złoty lubi zwlekać,
Więc sto lat będziemy czekać,
Aż drzwi dębu otworzone
Znów pokażą Dziwożonę.

Werewife

Every hundred years arrives here a birdie,
It's a golden birdie, and it's called Gregirdie,
It pecks at an oak so that, in the chink
Of the oak-tree, worldward, Werewife can upspring.

Tap and rap and tap! And at once flushed out
Werewife, to the world, promptly dashes out.
O behold her now—she dances the looby,
The babbity bowster, and the hinkum booby.

And she gives the thread to a fairy plot
While dancing among the blue mayflies flock,
For her—croons and trills the chorus of reeds,
O behold her now—she runs and recedes.

So let's look for her, before she's no more,
Let's not lose her spoor before she's of yore,
Before the oak seals the crack with its bark
On dancing and prancing Goldlady aspark.

Since the golden bird does like to delay—
Thus, one hundred years, we would have to wait
Before the oak's door once more opens wide—
And again, once more—make Werewife unnhide.

A SYNOPSIS OF BOLESŁAW LEŚMIAN'S LIFE AND OEUVRE

BOLESŁAW LEŚMIAN (1877–1937) [bawLESwahv LESH-miahn] (Lesman, by birth) was a Polish poet, playwright, critic, translator and member of the Polish Academy of Literature, one of the most influential literary figures of the twentieth century in his homeland and one of the greatest Poland's poets of all time. Born in Warsaw on January 22, 1877, he was a child of well-educated and fully assimilated middle-class Polish Jews with serious intellectual interests. His father Józef Lesman was a bookseller; his mother Emma came from the Sunderlands who owned a faience factory in Iłża. Bolesław had two younger siblings, Kazimierz and Aleksandra. After the early death of his mother, his father remarried Helena Dobrowolska, and in 1885 they moved to Kiev, where he was appointed manager for the State Railroad Company.

He made his debut as a poet in the newspaper *Wędrowiec* with the cycle "Sekstyny" [Sestinas] in 1895. Two years later he published a sonnet in the paper *Bluszcz* under the nom de plume "Leśmian," which, in fact, was his last name slightly modified by him to sound "more Polish and more poetic" (probably on the advice of his close friend Franciszek Fiszer, a philosopher, raconteur, and widely known Varsovian bon vivant). In 1896 he graduated from the Classical Grammar School in Kiev, and, after studying law, he graduated from Saint Vladimir University, also in Kiev, in 1901.

In the same year the poet moved to Warsaw where he took up the position of a legal assistant in the Office of Warsaw-Vienna Railroads. At that time he started to contribute to the influential art magazine *Chimera*, edited by Zenon Przesmycki (better known by the pen name M*iriam*), who soon became his good friend; many a time he supported him financially and had a significant impact on his world view and literary taste.

During that time he had a love affair with his cousin Celina Sunderland (an addressee of several love poems in the poet's first book *Sad rozstajny*). In 1903 the poet went to Munich and then to Paris, where Celina introduced him to Zofia Chylińska, a student of painting in Paris, daughter of a physician in Łomża, Poland. Leśmian was instantly enchanted by her beauty and "easy-goingness," and since his love was reciprocated, they soon got married in Paris, in 1905. They had two daughters, Maria Ludwika "Lusia" (1905) and Wanda "Dunia" (1907).

In 1906 the Leśmians returned to Warsaw, and, because of financial difficulties, they lived with Bolesław's father and stepmother. At that time the poet renewed his love affair with Celina and started to contribute regularly to the two periodicals *Nowa Gazeta* and *Prawda*. Journalism gave him financial stability. In 1911 Leśmian together with Kazimierz Wroczyński, a writer and theater critic and Janusz Orliński, an actor, founded the experimental theatre Teatr Artystyczny [Artistic Theatre].

In 1912 the poet's debut volume of verse *Sad rozstajny* [Crossroads Orchard] came out. In it he departed from the manifesto and aesthetics of *Chimera* and the poetry of Młoda Polska [Young Poland, a modernist period in Polish visual arts, literature and music covering roughly the years between 1890 and 1918]. A year later he brought out *Przygody Sindbada Żeglarza* [The Adventures of Sindbad the Sailor], *Klechdy Sezamowe* [Sesame Tales] (both based on the *Arabian Nights*' tales), and the translation (with his preface) of Edgar Allan Poe's *Opowieści niesamowite* [Extraordinary Tales] from the French rendition by Charles Baudelaire. At the beginning of 1914 the Leśmians went to France, where they spent several months on the French Riviera, and where the poet wrote *Klechdy Polskie* [Polish Old Tales] (published posthumously in London, in 1956 because the poet could not come to an agreement with his publisher Jakub Mortkowicz).

In the years 1914-1916 he contributed his poems and feuilletons to *Myśl Polska* [Polish Thought] under the pseudonym "Kostrzycki." In 1916-1917, on the initiative of Janusz Orliński, he became the literary director of the Teatr Polski [Polish Theatre] in Łódź. The repertoire of the theatre included world classical dramas as well as Polish plays of that time by Stanisław Wyspiański. Contemporary critics rather unfavoarbly received Leśmian's theatrical ideas. That position was short-lived due to the sudden death of Orliński.

In the summer of 1917, staying with Celina in Iłża, the poet met Dora [a diminutive for "Teodora"] Lebenthal with whom he fell in love at first sight. She became his next muse and inspiration for his love poems—belonging to the most beautiful Polish love verse—especially the cycle "W malinowym chruśniaku" [In the Raspberry Brushwood]. Their liaison, which eventually turned out to be an open secret, continued until the poet's death.

After World War One, from 1918 through 1922, Leśmian was appointed public conveyancer (a very lucrative and prestigious governmental position) in Hrubieszów. During that time he brought out his second book of poems *Łąka* [Meadow], which was received very enthusiastically by some of the most influential critics (Karol Irzykowski and Ostap Ortwin, among others).

In 1922 he took office again as public conveyancer, this time in Zamość, and held it until 1935. Leśmian was not a dedicated official and treated his job as an exile and an onerous chore. Actually, he accepted it only for financial reasons; he often took leave and traveled to Warsaw to rendezvous with Dora, assigning his duties to his deputies. That insouciant attitude to his job resulted in the embezzlement of a significant amount of money, perpetrated by one of his assistants (1929), and the poet was obliged to return every penny of it. Thus ended the several years of prosperity, and he again fell into financial straits. Dora sold her apartment in Warsaw to help her lover repay at least a portion of the money.

In the following years his poems and reviews seldom appeared in print. Generally, in his own lifetime, Leśmian was not an "all-the-rage" poet; moreover, once in a while he was attacked by the Skamander poets [a Polish group of experimental poets founded in 1918 by Julian Tuwim, Antoni Słonimski, Jarosław Iwaszkiewicz, Kazimierz Wierzyński and Jan Lechoń], pseudo-critics and xenophobes, who, by nature, criticize everything that is "different." It was not until the early thirties that interest in his poetry increased. His poems were published in the opinion-forming magazine *Kultura,* and soon, in 1933, he was appointed as a member of the Polish Academy of Literature [the most prestigious and important literary institution in Poland between the wars]. At the same time the two leading literary periodicals *Wiadomości Literackie* and *Skamander* published his poems and critiques. His position as a poet solidified after the appearance of his third volume of verse *Napój cienisty* [Shadowy Potion] in 1936. The two last years of his life Leśmian spent with his family in Warsaw, where he died on November 5, 1937 and was buried in Powązki Cemetery, in the Alley of the Meritorious, among other notable Polish writers, artists, politicians and military officers. In 1938, thanks to the efforts of his widow and daughters, and friends, the fourth volume of his poems *Dziejba leśna* [Sylvan Befallings] came out. Following the turbulent and dreadful experiences of World War Two, his younger daughter Dunia settled permanently in Enland, and his elder daughter Lusia with his wife immigrated to Argentina. Saving from the ravages of war, the latter two took with them, inter alia, the surviving manuscripts of *Skrzypek opętany* [A Frenzied Fiddler], (first published in 1985), *Pierro i Kolumbina* [Pierro and Columbine], and *Zdziczenie obyczajów pośmiertnych* [The Decadence of After-Death Customs] (1994).

Bolesław Leśmian's only surviving close relative is his granddaughter, Gillian Hills Young, a British and French actress and singer as well as an illustrator (New York). She acted, among other things, in Antonioni's famous film *Blow-Up* (1966) and Kubrick's *A Clockwork Orange*.

* * *

Until now there have been published innumerable editions of Leśmian's literary output as well as scholarly studies on his poetry, master's dissertations, doctoral theses, etc. The crowning editorial achievement has been the recent (2010-2013) appearance of the poet's complete works in four volumes, including his *Poezje zebrane* (vol. 1, 2010) [Collected Poems], *Szkice literackie* (vol. 2, 2011) [Literary Essays], *Baśnie i inne utwory prozą* (vol 3, 2011 [Folk-tales and Other Works in Prose], *Utwory dramatyczne. Listy* (vol. 4, 2014) [Dramas. Letters].

After World War Two subsequent publications of Leśmian's works kindled more and more interest in his brilliant poetry, and now it is widely assumed that he is the greatest Polish poet of the 20th century and equals such Poland's bards as Jan Kochanowski, Adam Mickiewicz, Juliusz Słowacki, and Cyprina Kamil Norwid. Currently we can observe an ever-growing "Leśmianophilia," and new generations of readers, scholars, artists and fans, fascinated by his poetry, discover "something for themselves." In fact, Leśmian has become the most-read and most-studied, the best-loved and best-selling Polish poet of all time. Since 1960s, the author of *Łąka* has found his way into popular culture; his poems set to music and sung by Ewa Demarczyk, Magda Umer, Marek Grechuta, Magda Kumorek, Stanisław Sojka, to name a few, reached a mass audience. In 1990 Polish television produced the fictionalized biographical movie *Leśmian*. With the coming of the Internet, more and more websites devoted to Leśmian and his poetry are laucnhed. Both professional and amateur actors and singers interpret his verse on YouTube, which is easily googleable. In 2012 Aleksandra Szymańska created the very touching movie *Lilith*. It was inspired by Leśmian's poem "Panna Anna" [Miss Anna]. All this proves the power of his poetic oeuvre. As somebody once said, "Classics remain classics—often in dusty books—only geniuses are always modern."

It is hard to believe that Leśmian's poetry during his lifetime met a rather cool reception; only a few critics bestowed on him the high accolade (Ostap Ortwin, among others). That approach resulted mainly from inability, or lack of goodwill, to be comprehend his originality and sublime genius. The unparalleled artistry and value of his poetry are reflected in his concept of the world combined with poetic language. In other words, the form and content of each of his poems make the wholeness that is highly harmonious and emotive, profoundly intellectual and philosophical—just beautiful to the core.

In contrast to his contemporaries, he was influenced and guided by the pideas of Henri Bergson, a French philosopher. His concepts of intuition and creative evolution, especially his "vital force" (orig. *élan vital*), which are brilliantly epitomized by Leśmian's oeuvre. According to the poet, the rhythmic structure and metrics of verse, can most emphatically and faithfully render the diversity and complexity of the world, and all possible and "impossible" forms of existence and nonexistence, and all the states between them—permeated with the *élan vital*. In his poems, there are numerous modifications of words and syntax, neologisms, archaisms, dialectal terms—all those means not only enrich his poetic language but also make it magical (if not mystical) and unique; however, never as a purpose in itself. The poet frequently refers to myth in the form of folk stories, ballads, fairy tales and legends. He peoples his poems with frail, poor, weak, often maimed humans, such as *Szewczyk* [Poor Cobbler] or *Dwoje ludzieńków* [Two Poor Wights], who seek their happiness, love, and God regardless of their existential status—often experiencing a kind of "near-nonexistence"as, for instance, *Znikomek* [Nearunbeen], or "living" in an"afterdeathness" as characters in *"Pierwsza schadzka za grobem"* [The First Tryst After Death]. Also, he populetes them with fantastical creatures, such as *Dusiołek* [Chokester, a nighmare or incubus resembling the one on the canvas painted by Henry Fuseli]. He places all those beings in the world or in "noworld," in time or in the "notime." In Leśmian's poetry, life and nature interpermeate—nature is humanized, nature is "naturized" (the idea of *natura naturata*), and nature nuturizes intself (*natura naturans*). The poet often conveyed the dynamism of these processes by means of virtuosic wordsmithing techniques, which resulted in the poetical language that is vivid, explicit, sensuous, and concrete to the extent that it creates peculiar hyperrealism, and at the same time—Boschesque and phantasmagoric imagery.

The grotesque visions of horror and macabre are brilliantly counterpoised by ecstasy, fulfillment and sardonic or perverse humor, which combined with metrical virtuosity, make his poetry brilliant and unique—the one that sends shivers up and down the readers' spines and incites them to ponder over their existence.

Dissociating himself from symbolist poets, Leśmian rejected the pervasive practice of treating objects as symbols and aims at recovering the sense of the „thing in itself."
aopted the narrative schemes of romantic ballads (well represented throughout this book) and adhered to restrictive principles of traditional poetics, particularly its accentual-syllabic meter and melic or euphonious qualities of a poem. Leśmian had almost an ethnographic passion for semantic and morphological quest on the chronological and geographical confines of the Polish language, boldly experimenting with words. This resulted in hundreds of coinages—constituting the means of creating new "realities" at the crossroads of the world and the beyond.

Especially, his ballads are peopled by folk protagonists, by nature, romantic, and searching for answers to their existential questions. The narratives focus on human beings, God, various aspects of existence, and nonexistence (the void, the notime, nothingness, the "no-everything"). The pprotagonists are "under-existent," and often "otherworldly." They struggle heroically for their happiness, and try to comprehend the unknowable in themselves, in God, and in the universe in order to avoid the unavoidable, mostly through love—even after death.

Leśmian's poetical idiolect not just "beautifies" a poem but rather brings about his worlds and "noworlds." It is not just a collection of verbal constructs. Leśmian, in contrast to symbolists and poets of avant-garde, subordinates phrase structure to rhythm, which for him has profound philosophical and metaphysical implications. He wrote in his *U źródeł rytmu* [The Roots of Rhythm] (1915): "Rhythm governs words and transforms them in its own way. It, as a mysterious magnet, attracts those unique, infallible and most accurate phrases, which join into the indivisibility of hexametrical exaltations. Finally, rhythm, the creative 'livestock,' with its contagious heartbeats, excites them to pulsation, changes their accents, rescues them from death and lifelessness, and appropriates them forever." And in his *Traktat o poezji* [A Treatise on Poetry] (1937), he wrote: "If a flower could find apt and accurate words to write down, on one of its leaves, its gradual rhythmic development from the moment it felt a desire to be a flower until the moment it became one; this, apparently, trivial jotting, indeed, would be a marvelous poem." This is exactly the same kind of verse as defined by Edgar Allan Poe: "the rhythmical creation of beauty in words."

Leśmian's poetry is, to a great extent, "creationist," as wrote Marian Pankowskim a Polish writer and literary critic, in his book *Leśmian, czyli bunt poety przeciw granicom* [Leśmian: Poet's Defiance of Limits] quoting Vincente Huidaro, a Chilean poet, who defined a creationist poem as "a new occurrence independent of the external world, free from all other realities except for its own because it exists in the world as a peculiar phenomenon—distinct and different from other phenomena." Thus defined, a poet is a demiurge who has the absolute power over things through words, and, at the same time, he is primitive man, the so called "natural poet," who comprehended the world instinctively and intuitively, and for whom, just as for Leśmian himself, the meaning of the word is connected with the very existence of an object, revealing its innermost essence.

On the one hand, throughout his life, Leśmian tried to find some kind of the philosopher's stone, in this case—a poetic substance being capable of turning usual words into a perfect poem. On the other hand, he searched for some kind of code of all existence and non-existence—such a formula or theory of everything. He presumed that if the code existed, it consisted of words joined together into rhythmic poetic sequences, perfect helices of verses, which is, in fact, not so distant from what genetics proved many years later—the code of life is precisely organized structure like a perfect poem.

It is indeed surprising that Leśmian demonstrated such intuitive faculties sensing the mysteries of reality, still discovered by modern physics, with all those quantum fluctuations, the void which is never empty—exactly like in his poems where nothingness is active and busy. It is the same kind of intuition that Edgar Allan Poe had when he was writing his *Eureka: A Prose Poem* (1848). Maybe poetry and contemporary physics are interrelated in their description and understanding of the universe much closelier than we think. Conceivably, it will soon turn out that the easiest way to understand complexities of quantum mechanics, black holes, or Big Bang—is metaphysical verse of poets like Leśmian.

Czesław Miłosz, a poet, writer, Nobel laureate regarded Leśmian as "the unique phenomenon of world literature who deserves to be placed among the greatest figures of contemporary world literature."

Jacek Trznadel, a leading expert on Leśmian's poetry, emphasizes in one of his many monographs: "He does not fit into program—neither Modernism nor Symbolism. The artistic structure of his poems is consciously multilayered and opens the way to various interpretations.[...] He is one of few poets who wanted to attain the most unattainable, to express the most inexpressible—not only the world but also the beyond, not only a moment but also eternity, not only earth but also heaven."

From our present perspective, Leśmian's poems, including these in this book, are profoundly existential, proving that he was a precursor of literary and philosophical existentialism. Mieczysław Jastrun, a Polish poet and essayist, aptly pointed out: "Similarly to Heideggerian 'nothingness,' Leśmian's one has some inner activity—it 'nothings itself'. The world does not exits—it 'worlds itself' at every moment.... For him nothingness is the principle and foundation of all things, and it peeps through all the slits in them. Leśmianian man is a hollowed-out being; he contributes his absence to the existential plenitude." This makes him a modern poet-thinker, dealing with the most essential questions of our times. Unquestionably, his oeuvre is both timeless and universal.

Bożena Majewska
boz2120003@maricopa.edu

MAJOR EDITIONS
OF BOLESŁAW LEŚMIAN'S WORKS

Poetry

Sad rozstajny. Warsaw: Towarzystwo Wydawnicze
J. Mortkowicza, 1912.
Łąka. Warsaw: Towarzystwo Wydawnicze J. Mortkowicza, 1920
Napój cienisty. Warsaw: Towarzystwo Wydawnicze
J. Mortkowicza, 1936.
Dziejba leśna. Warsaw: Towarzystwo Wydawnicze
J. Mortkowicza, 1938.
Wybór poezji. Compl. and pref. Leopold Staff, Cracow, 1946.
Wiersze Wybrane. Ed. Mieczysław Jastrun. Warsaw:
Czytelnik, 1955.
Wiersze rosyjskie. Trans. Marian Pankowski. London, 1961.
Utwory rozproszone. Listy. Ed. Jacek Trznadel. Warsaw, 1962.
Poezje: Z pism Bolesławа Leśmiana. Ed. Jacek Trznadel.
Warsaw, 1965.
Pochmiel księżycowy, incl *Pieśni Przenajmędrszej Bazylianny*.
(from Russian) Trans. Jerzy Ficowski, Warsaw, 1987.
Poezje. Ed. and comp. Jacek Trznadel. Warsaw, 1994.

Prose

Przygody Sindbada Żeglarza. Warsaw, 1912.
Klechdy sezamowe. Warsaw, 1913.
Opowieści nadzwyczajne (translation from Baudlaire's
Histoires extraordinaires, orig. by E.A. Poe). Warsaw, 1913.
Klechdy polskie. Ed. Bronisław Przyłuski. London 1956.

Plays

Skrzypek Opętany, incl. *Pierrot i Kolombina*.
Ed. Rochelle Stone. Warsaw: PIW, 1985.
Zdziczenie obyczajów pośmiertnych. Warsaw, 1998.
Satyr i Nimfa. Bajka o złotym grzebyku. Eds. Dariusz Pachocki
and Artur Truszkowski. Lublin: Wydawnictwo KUL, 2011.

Essays and Reviews

Traktat o poezji. Warsaw, 1937.
Szkice literackie. Ed. Jacek Trznadel. Warsaw, 1959.

Z pism Bolesława Leśmiana. Ed. Jacek Trznadel. Warsaw, 1959.
*Wybór esejów: Autokomentarze—Leśmian, Witkacy, Schulz,
Gombrowicz*. Warsaw, 1995

Complete Editions
Poezje zebrane. Warsaw: Instytut Wydawniczy PAX, 1957.
Poezje zebrane. Ed. Aleksander Madyda. Toruń: Algo,1993.
Dzieła wszystkie, volume 1: Poezje zebrane.
Ed. Jacek Trznadel. Warsaw: PIW, 2010.
Dzieła wszystkie, volume 2: Szkice Literackie.
Ed. Jacek Trznadel. Warsaw: PIW, 2011.
Dzieła wszystkie, volume 3: Baśnie i inne utwory prozą.
Ed. Jacek Trznadel. Warsaw: PIW, 2012.
Dzieła wszystkie, volume 4: Utwory dramatyczne. Listy.
Ed. Jacek Trznadel. Warsaw: PIW, 2013.

Bolesław Leśmian's works in translations
Stikhi. Trans. Anatoliy Geleskul, Maria Pietrovykh, et. al. (Russian).
Moscow, 1971. Leipzig u. Weimar: Kiepenheuer 1990
Selected Poems of Bolesław Leśmian (English). Trans. Alexandra
Chciuk-Celt. Wisconsin: A.R. Poray Book Publishing, 1987.
Sesam-Märchen (German), Trans. Roswitha Matwin-Buschmann
and Marga Erb. Leipzig, Weimar: Kiepenheuer, 1990.
*Mythematics and Extropy II: Selected Literary Criticism
of Bolesław Leśmian*. Trans. Alexandra Chciuk-Celt.
New York: Peter Lang, 1992.
*Samotność i inne wiersze: Wydanie dwujęzyczne
polsko-hebrajskie* (Polish-Hebrew). Trans. Szoszna Raczyńska,
Arie Braunder. Tel-Aviv: Chana Sza,ir, 1992.
33 of the Most Beautiful Love Poems: A Bilingual Edition / *33
najpiękniejsze wiersze miłosne* (Polish-English).
Trans. Marian Polak-Chlabicz. New York: Oculus Bookery, 2011.
Lo stelo del tempo / *Źdźbło czasu* (Polish-Italian edition).
Trans. Silvia L. Bruni. Cracow, Budapest: Wydawnictwo
Austeria, 2012.
Zapozdoloe priznanie (Russian). Trans. Genadiy Zeldovich.
Moscow: Vodoley, 2014.
Marvellations: The Best-loved Poems (Polish-English edition).
Trans. Marian Polak-Chlabicz. New York: Penumbra Publishing, 2014.

ABOUT THE TRANSLATOR

MARIAN POLAK-CHLABICZ is a journalist, translator, writer and poet. He studied English language and literature at Wrocław Universiy in Poland, and Baruch College in New York, where he has been living and working for 15 years. He is a regular contributor to the *Polish-American* daily *Nowy Dziennik,* the website www.NowyJorker.com, and other American and Polish media. In recent years, he has translated two selections of poems by Bolesław Leśmian from the Polish— *Marvellations: The Best-Loved Poems* in 2014, *33 of the Most beautiful Love Poems* in 2011, and Pablo Neruda's *Veinte Poemas de Amor y una canción desesperada* from Spanish into Polish in 2012. Currently, among other things, he is working on his English renditions of the remaining masterpieces by Leśmian, selected poems of Julian Tuwim, Polish translations of Edward Lear's most humorous and nonsensical verses and verselets, and Edgar Allan Poe's *Eureka: A Prose Poem.*

ABOUT THE ILLUSTRATOR

JANUSZ SKOWRON studied Fine Arts at UMCS in Lublin (Poland). He is a graphic artist, painter and photographer, a member of the Emotionalists Art Group (since 1999). He took part in over 200 exhibitions, displaying his works in Poland, Hungary, USA, South Korea, China, France, Ukraine, Denmark, and Germany. He has been a committed promoter and curator of numerous exhibitions of Polish painters, sculptors, and photographers in America for more than 15 years.

Printed in Great Britain
by Amazon